대한민국 재테크 지도

부자로 가는 마지막 비상구

박연수(쌈지선생) 지음

책수레

금리도 모르고 재테크를 한다고?

월급쟁이 부자의 금융상품 쇼핑법

월급쟁이 부자의 부동산 쇼핑법

당신의 비상구는 어디에

필자는 거의 30년간 이 땅에서 열심히 살아가는 평범한 월급쟁이들의 경제적 수준을 올리는 재테크 관련 일을 해 온 사람이다. 이 일을 해오면서 만난 수많은 사람들은 필자에게 이렇게 하소연한다.

"선생님, 저도 재테크의 중요성을 잘 알고 있어요. 그런데 저는 겁쟁이인가 봐요. 막상 투자하려고 하면 가격이 내려갈까 봐 너무 무서워요. 그래서 그냥 하던 대로 은행예금과 적금이 재테크의 전부라고 생각하고 살아왔어요. 그런데 최근 서울 아파트 가격이 급등하는 것을 보고 저의 무능을 한탄하고 있습니다."

이런 사연을 들을 때마다 그들의 처지에 가슴 아프다. 한편 이들에게는 "지금도 늦지 않았다. 늦었다고 생각하는 지금부터라도 열심히 재테크를 하면 충분히 부자가 될 수 있다."라고 말한다.

작가 말콤 글래드웰은 그의 저서 아웃라이어(Outliers)에서 재능은 노력을 이길 수 없다고 말했다. 즉 타고난 재능이 아닌 노력만으로 누구나 부자가 될 수 있다. 그러니 당신도 실망하지 말고 이제부터라도 재테크에 최선의 노력을 하면 된다. 실제로 재능이 아닌 노력으로 부자가 된 사람이 많다. 이 같은 이야기를 필자에게 듣고 노력한 사람은 실제로 부자의 길에 들어섰다.

우리는 그동안 많은 재테크 책을 읽어 왔다. 사실 어떻게 해야 재테크로 부자가 되는지 모르는 사람은 없다. 평범한 사람도 누구나 부자가 될 수 있다. 그러나 모두 부자가 되지는 못한다. 같은 회사에 다니는 비슷한 처지의 동료도 누구는 부자가 되고, 누구는 부자가 못 되지 않는가? 결국 개인의 실천력에 달린 것이다.

필자는 다음 텐인텐(10in10, 10년 10억 만들기, http://cafe.daum.net/10in10) 카페에서 전문가 칼럼을 쓰고 있다. 여기서 독자의 상담 사례를 읽고 답하면서 왜 그들은 부자가 되지 못했는지에 대한 나름의 생각을 정리하기도 한다. 이들이 부자가 되지 못한 이유는 재테크의 기본을 제대로 이해하지 못하기 때문이었다.

이 책에서 전하고자 하는 메시지를 5가지로 압축해서 정리했다. 재테크를 통해 부자의 꿈을 이루려는 이 땅의 모든 평범한 월급쟁이들이 항상 명심해야 할 규범으로 여기기 바란다.

1. 초저금리 시대, 예금과 결별하라

고전적인 재테크 책들은 이렇게 말한다.

"소득의 절반을 저축하면 시간이 문제일 뿐 시간이 지나면 누구나 부자가 된다."

이 말은 1990년대 고금리 시대에나 통용되던 말이다. 지금처럼 한국은행 기준금리가 1.25%도 안 되는 시대에 이 말은 더 통하지 않는다. 저금리 시대에는 예금이나 저축만으로는 절대 부자가 될 수 없기 때문이다.

필자가 만나본 월급쟁이 부자들은 그 누구보다 대한민국에서 재테크로 부자가 되는 지름길을 잘 알고 있었다. 이들은 고금리 시대에는 금융상품이나 채권에 투자한다. 주식시장이 바닥을 길 때는 저평가된 시가총액 상위 우량종목을 장기간 보유해서 자본이득을 남긴다.

이들은 대한민국이 저금리 시대에 진입할 것을 이미 예상하고, 비약적으로 증가하고 있는 1인 가구를 대상으로 부동산 임대업을 한다. 지금처럼 혹독한 초저금리 시대에도 이들은 돈을 벌고 있다.

사람들은 흔히 부자들만이 알고 있는 재테크 비법이 있다고 생각한다. 그런데 말이다. 지금은 만인이 정보를 생산하고 공유하며 소비하는 인터넷 시대다. 지식과 정보가 넘치는 시대에 어찌 부자만 알고 있는 재테크 비법이 있을 수 있단 말인가?

필자가 만나본 대부분의 월급쟁이 부자는 평범하게 상식적으로 투자하는 사람들이었다. 투자시장은 자연과학 법칙처럼 일정한 가격 패턴이 있다. 쉽게 말해 우리가 주로 투자하는 금융상품, 주식, 부동산은 가격 사이클이 있다. 가격이 오르면 떨어질 때가 있고 떨어지면 다시 오르게 되어 있다.

대부분의 우량 자산은 일시적으로 조정이 올 수는 있지만 장기적으로는 우상향하는 모습을 보인다. 그래서 조정기의 저점에 매수하면 큰 시세 차익을 얻을 수가 있다. 투자는 이렇게 쉽다. 그런데 우리는 이 쉬운 일을 하지 못한다.

2019년 8월 7일 주가가 폭락하여 1909.71 포인트를 찍은 다음 날 필자는 텐인텐 카페에서 이렇게 말했다. "지금 주식을 손절매하지 마라.

이 두려움과 고통을 견뎌내라. 지금은 오히려 좋은 주식을 싸게 살 수 있는 최고의 기회다."라고 말했다. 이후 결과는 모두 아는 것과 같다.

당시 내가 왜 이런 얘기를 했을까? 저금리 때문에 금융에서 자금이 이탈하여 주식시장으로 모여드는 전형적인 유동 장세 초기였기 때문이다. 그래서 보유주식을 손절매하지 말고 오히려 주식을 더 매수하라고 말했던 것이다.

내 말에 동의했더라도 레버리지(지렛대라는 의미로, 타인의 자본인 대출 등을 이용하여 투자하면, 투자금 대비 이익이 커지는 것을 말함) 효과를 극대화하기 위해 신용융자를 써서 주식을 산 사람도 있을 것이다. 이들은 제한된 시간과 이자 비용의 부담 때문에 눈물을 머금고 손절매했을 것이다.

투자는 레버리지 의존도를 낮추고 여윳돈으로 장기적 관점에서 투자해야 한다. 그래야만 시장의 변동성을 이길 수 있다. 그래서 투자는 투자 상품을 사는 것이 아니고 시간을 사는 것이라고 말하는 것이다.

지금은 예금, 저축만으로는 부자의 꿈을 이룰 수 없는 시대다. 익숙한 것과의 결별은 언제나 어렵다. 하지만 이것이 부자의 꿈을 이루기 위한 첫걸음이다. 지금이라도 과감히 은행과 결별하기 바란다.

2. 간접투자를 버리고, 직접투자를 하라

금융회사와 언론은 이렇게 개인을 현혹한다.

"개인은 시간도 없고 능력도 없으니 전문 회사에 돈을 맡기세요. 최고 실력의 전문가들이 알아서 돈을 잘 불려줄 겁니다."

정말 그럴까? 대표적인 간접투자 상품인 주식형 펀드나 변액 상품에 투자해서 부자가 된 사람을 본 적이 있는가?

금융자본은 어떻게든 우리의 지갑을 털어 이익을 늘릴 궁리만 한다. 그들은 "최고 학벌의 우수한 펀드 매니저가 운용하는 펀드에 투자하면 부자가 된다."라고 선동한다. 악어와 악어새처럼 금융자본과 공생관계에 있는 언론도 우호적인 기사를 쓰며 대중 조작에 나선다. 순진한 개인은 그들의 말을 믿고 간접투자에 나선다.

그러나 모두 아는 것처럼 펀드 상품과 보험사의 변액 상품에 투자해서 돈을 번 사람은 없다. 자산운용사의 펀드 상품은 시장 평균 수익률을 넘어선 적이 없다. 변액 상품에 투자하여 수익은 고사하고 원금마저 까먹은 사람이 많다. 그들이 광고하고 선전하는 간접투자 상품의 실체다.

금융자본은 펀드 판매로 막대한 수익을 올리고 있다. 개인들의 피와 땀이 묻어 있는 돈으로 펀드 상품을 운용하여 손실이 나도 그들은 아무 책임도 없다. 그런데도 수수료는 꼬박꼬박 떼어간다. 세상에 이런 날강도가 없다. 제도의 허점을 이용하여 대동강 물을 팔아먹은 봉이 김선달식 영업을 하고 있다.

부자 월급쟁이 중에 간접투자로 돈을 번 사람은 한 사람도 보지 못했다. 부자 월급쟁이는 셈법이 빠삭한 사람들이다. 이들은 원금을 까먹는 간접투자 상품에 절대로 돈을 넣지 않는다.

3. 금리가 당신의 돈을 춤추게 한다

나는 1990년대 초반 사회생활을 시작했다. 당시 내가 일하던 제일저축은행의 복리 정기예금 2년 만기 상품의 이자는 50% 수준이었다. 3년 만기 예금 이자는 무려 100% 수준이었다. 1,000만 원을 예금하면

3년 후 받는 이자가 무려 1,000만 원이었다는 말이다.

그러나 지금은 어떤가? 은행에 1,000만 원을 예금해도 1년 후 받는 이자는 고작 10만 원 수준이다. 그래서 금리가 당신 돈의 무게를 결정한다고 말하는 것이다.

나는 30년간 시장의 흐름을 경험하고 관찰해 왔고 이를 바탕으로 시장 상황에 맞는 재테크 전략을 강의해 왔다. 필자의 경험치로 볼 때 한국 재테크 시장에 가장 큰 영향력을 미치는 것은 금리다. 현재 상황은 저금리와 저금리로 풍부해진 유동성이 상품의 가격을 높이는 유동장세라고 생각한다.

지금 은행예금의 실질금리는 1%가 안 된다. 소중한 돈을 예금에 넣으면 물가상승률도 따라가지 못한다는 얘기다. 따라서 은행에 예금하는 것은 바보짓이다. 금리가 당신 돈의 무게를 결정하고 춤추게 한다는 것을 잊지 말자. 돈을 벌고 싶은가? 그렇다면 금리 흐름을 타는 재테크를 하라.

4. 싼 게 비지떡이다

현재 대한민국 재테크 시장의 키워드는 양극화다. 부동산이든 주식이든 핵심가치가 있는 상품은 계속 가격이 우상향한다. 반면에 핵심가치가 없는 상품은 추락하는 것은 날개가 없다는 말처럼 계속 가격이 내려가기만 한다.

'싼 게 비지떡'이란 말을 들어봤을 것이다. 비지는 두부를 만들고 남은 찌꺼기를 말하고, 비지떡은 비지에 쌀가루나 밀가루를 넣고 반죽하여 만든 떡을 말한다. 값싼 비지를 쌀가루나 밀가루와 섞어 떡을 만들었으니 양은 많다. 그러나 양이 많다고 해서 비지떡의 효용성이 높지는 않다.

우리는 항상 물건을 구매할 때 갈등한다. 양도 많고 가격도 싼 것을 구매할지, 양이 적더라도 비싸고 좋은 것을 구매할지 말이다. 그러나 시간이 지난 후 두 재화의 가치, 즉 효용성을 기회비용으로 따지면 후자가 더 경제성이 있는 경우가 많다. 우리가 합법적으로 돈을 벌려고 하는 재테크도 같은 이치라고 생각한다.

서울 핵심 지역의 중소형 아파트 가격은 2014~2019년 부동산 상승기에 미친듯이 올랐다. 이와 다르게 지방 중소도시 아파트 가격은 오르기는커녕 계속 내려가기만 했다. 이제 한국 부동산 시장에서 동반 상승이라는 단어는 사라졌다고 봐야 한다. 결국 아파트도 핵심 지역 물건이 더 빨리 더 많이 오른다.

주식시장도 마찬가지다. 시가총액 상위 우량종목의 가격이 높은 것을 모르는 사람은 없다. 하지만 내수시장에서 가격 독점력을 가진 우량종목은 장기적 관점에서 볼 때 계속 우상향했다. 일시적으로 가격이 하락했더라도 다시 주가가 반등할 때는 빠르게 신고가를 쓴다.

월급쟁이 부자는 이런 사실을 잘 알고 있다. 이들은 투자 물건의 가격이 시장 평균보다 높아도 이에 개의치 않고 우량 물건 중심으로 포트폴리오를 짜서 투자한다. 그래서 월급쟁이 부자가 될 수 있었던 것이다. 투자의 세계에서는 '싼 게 비지떡'이라는 말을 명심하기 바란다.

5. 재테크 실력이 부를 결정한다

적어도 한국사회에서는 노동을 통한 소득이 아니라 재테크를 통한 불로소득이 개인의 부를 결정해 왔다. 이것이 정의롭지 않다고 생각하더라도 우리는 이 사실을 인정해야 한다.

같은 회사에 다니고 같은 직급에 같은 월급을 받는 직장 동료가 있다. 10년 후 동료는 월급쟁이 부자가 되었다. 반면에 당신은 전세금을 올려주느라 힘들고 매달 카드값을 갚느라 허덕인다. 대체 무엇이 이렇게 부의 차이가 나게 했을까? 바로 재테크 마인드와 실천력이 부의 차이를 만든 것이다.

투자만 잘한다고 해서 월급쟁이 부자가 되진 않는다. 월급쟁이 부자의 마인드는 남다른 면이 있다. 흔히 생각하는 것과 다르게 그들은 짠돌이가 아니다. 돈을 지출해야 할 때는 통 크게 쓰지만 자신이 챙겨야 하는 것은 확실히 챙기는 열린 마인드의 소유자다.

대한민국의 평범한 월급쟁이가 부자 되는 길은 오직 하나다. 합법적으로 재테크를 잘하는 것 말고 다른 방법이 없다. 합법적인 재테크로 돈을 벌고 버는 만큼 세금을 내면 이는 도덕적으로 문제가 없다. 누구도 이것을 비난해서는 안 된다.

세상에 노력 없이 거저 얻는 것은 없다. 평범한 월급쟁이가 부자가 된 것은 최선이 아니라 제대로 된 노력 덕분이다. 월급쟁이 생활을 하면서 제대로 책 내용을 실천한다면 여러분도 경제적 자유를 이룰 수 있을 것이다.

쌈지선생 박 연 수

제1장

부자로 가는
비상구를 찾아서

열심히 일한 당신, 이제 재테크에 미쳐라

　회사에 동기로 입사하고 같은 직급에 같은 월급을 받는 동료가 있다. 직장 동료는 처음에 당신과 비슷한 자산으로 시작했지만 10년 후 자산이 크게 늘어 월급쟁이 부자가 되었다.

　당신은 매달 카드값을 내기도 버겁고 2년마다 전세금을 올려주느라 힘들다. 당신은 왜 월급쟁이 부자가 되지 못했을까? 당신은 그동안 열심히 일했고 지금도 여전히 열심히 일하고 있는데 말이다.

　당신이 부자가 되지 못한 이유는 재테크에 무지했기 때문이다. 직장에서 일하는 것처럼 열심히 재테크를 했다면 벌써 월급쟁이 부자가 되었을지도 모른다. 당신과 다르게 입사 농기는 재테크 능력을 키우고 꾸준히 투자했다. 그래서 월급쟁이 부자가 되었다.

　필자는 한국 사회에서 개인의 노동으로 얻는 소득만으로는 부자가 될 수 없다고 믿는다. 바람직한 일은 아니지만 많은 사람이 시의적절하게 아파트 한 번 사고파는 것만으로 연봉의 10배나 버는 것이 현실 아니던가. 우리가 살아가는 자본주의 사회는 이런 것이다. 도덕적 기준으로 따지면 안 된다.

서울 강남 논현동의 제일저축은행 대부계에 근무할 때다. 당시 막 분양을 시작했던 강남 도곡동 타워팰리스의 평당 분양가는 90만 원 수준이었다. 현재 타워팰리스의 평당 시세는 얼마인가? 4,000만 원이 넘는다. 이처럼 그 방법이 무엇이든 간에 재테크는 평범한 월급쟁이를 부자로 만드는 가장 가성비 높은 도구다.

나는 무슨 일이든 1만 시간을 투자해 몰두하면 시간이 문제일 뿐 누구나 성공할 수 있다고 믿는다. 당신이 맡은 직무에서 1만 시간 이상을 몰두해 일해 왔고 그 자리를 지키고 있는 것처럼 말이다.

그런데 당신이 일에 열정을 쏟는 것 이상으로 재테크에도 열정을 쏟아부었는가? 지금까지 열심히 일해 왔는데도 부자가 되지 못했다면 결국 재테크에 열정적이지 못했다는 결론에 이르게 된다. 당신이 지금까지 미친듯이 일했던 것처럼 재테크에 미쳐야 할 때가 왔다.

"사랑하면 알게 되고 알게 되면 보이나니 그때 보이는 것은 전과 같지 않더라." 이 말은 조선시대 문장가인 정암(정암 유한준, 1732~1811) 선생의 문장집에 나오는 글이다. 그렇다. 사랑하면 알게 되고 알게 되면 보이는 것은 예전과 다르다.

피카소의 명화 게르니카를 감상하면 무슨 생각이 먼저 떠오르는가? 예술적 심미안이 없는 사람은 기이한 선과 면이 마구 교차하는 추상화로만 보일 것이다. 그러나 게르니카는 스페인의 프랑크 독재정권이 바스크 민족의 해방운동을 진압하는 과정에서 행했던 잔인한 살육

장면을 묘사한 그림이다.

이런 배경을 알고 감상했다면 단순한 추상화로만 보였던 그림이 다른 의미로 다가올 것이다. 그림의 배경을 알고 보는 것과 모르고 보는 것은 이렇게 차이가 난다.

당신에게 묻고 싶다. "부자가 되기 위해 얼마나 노력하셨습니까?"

아마 이 질문에 자신 있게 답할 사람은 많지 않을 것이다.

당신은 월급을 받으면 습관적으로 은행에 적금을 들고, 목돈이 생기면 예금을 해왔다. 물론 예금이나 적금을 부정적으로 볼 필요는 없다. 그런데 예금이나 적금의 경제성을 따져 본 적이 있는가?

지금 1,000만 원을 예금하고 1년 후 받는 이자는 10만 원도 안 된다. 이처럼 1%도 안 되는 예금이자는 물가상승률에도 못 미친다. 결국 1년 후 당신의 귀중한 돈은 한 푼도 불어나지 않는다.

만약 이런 사실을 모르고 1% 이자에 만족했다면 재테크에 대한 관심과 지식이 하나도 없는 것이다. 우리가 직장에서 연봉 1% 올리는 일도 쉽지 않다. 그런데 내 소중한 돈을 예금해서 이자는 고사하고 은행원들 밥 먹여주는 일만 했다니! 이 얼마나 원통한 일인가.

재테크 지식이 있었다면 지금처럼 혹독한 초저금리 상황에서 예금이나 적금 같은 상품에 가입하지 않았을 것이다. 회사채나 CP 등에 투자해 적어도 은행 이자보다 몇 배 높은 이자를 받았을 것이다.

회사채(會社債, Corporate Bond)
기업이 시설투자나 운영 등의 장기자금을 조달하기 위해 발행하는 채권을 말한다.

CP(Commercial Paper, 자유금리 기업어음)
기업이 단기자금을 조달하기 위해 발행하는 어음을 말한다. 신용상태가 양호한 기업이 발행한 약속어음으로, 금리는 수요공급에 의해 자율적으로 결정된다.

아니면, 알토란 같은 종잣돈으로 수도권의 저가 소형 오피스텔에 투자하여 은행이자의 10배 가까운 소득을 올렸을 것이다. 이처럼 재테크 지식을 아는 것과 모르는 것은 엄청난 결과의 차이를 가져온다.

이런 이야기가 낯설게 느껴지는가? 그렇다면 '왜 돈은 나만 피해가나'라며 원망만 하고, 무엇이 이런 결과를 가져왔는지 냉정하게 생각하지 않았기 때문이다.

지금부터 필자가 말하는 지역의 공통점을 생각해 보자. 서울 서초 반포지구, 강남의 잠원지구, 세곡동, 송파 잠실 재건축 단지, 용산, 마포, 이촌동, 한남지구, 성수지구, 위례신도시, 마곡지구, 강동 고덕지구, 둔촌 재건축 단지, 송파구 가락동 헬리오시티, 신분당선 연장 수혜 지구에 속하는 용인 동천, 신봉, 수지, 상현, 광교, 판교신도시 등.

이 지역은 2014~2019년 부동산 상승기에 아파트 가격이 미친 듯이 오른 곳이다. 특히 이 지역의 중소형 아파트는 최소 2배 이상 올랐다. 세상 돌아가는 것에 관심이 있었다면 이 지역 아파트값이 이처럼 미친 듯이 오른 것이 이상한 일이라고 생각하지는 않을 것이다.

이 지역에 중소형 아파트를 보유했던 사람들은 적게는 연봉의 다섯 배, 많게는 열 배, 아니 그 이상을 벌었다. 이것이 바로 재테크가 부리는 마법이다. 열심히 일해도 내 주머니 사정은 나아지지 않는데 아파트 한 번 사는 것으로 내 연봉의 다섯 배를 벌다니! 세상이 원망스럽기도 할 것이다.

그렇더라도 세상을 원망하지 마라. 처음부터 부자였던 사람은 거의 없다. 누구나 처음에는 작은 목돈을 모으는 것부터 시작했다. 재테크로 조금씩 불려 나갔다. 결국 재테크는 돈이 많은 사람이 아니라 돈이 적은 사람이 해야 하는 것이다.

처음에는 돈이 매우 느리게 불어나는 것처럼 느낄 것이다. 그러나 지루함을 참고 견디면 시간이 지나면서 돈이 점점 빠르게 불어날 것이다. 주변의 월급쟁이 부자들도 모두 같은 과정을 거쳤다는 사실을 잊지 말자.

이제 당신이 시작할 차례다. 월급쟁이 부자를 질투하거나 부러워하지 말고 재테크에 한번 미쳐보지 않을 텐가.

명품은 걸어 다니지 않는다

　강남 압구정동의 갤러리아 백화점 명품관을 가본 적이 있는가. 갤러리아 백화점 명품관은 쇼핑객으로 인산인해를 이루는 곳으로 유명하다. 이 백화점은 강남 상권을 대표하는 고속버스터미널, 압구정동, 신사동 가로수길 등의 상권에서 많이 벗어난 곳에 자리잡고 있다.

중심 상권에서 벗어나 위치가 좋지 않은데도 이 백화점 명품관이 사람들로 붐비는 이유는 왜일까? 특이하게도 20, 30대 직장인들이 명품관을 많이 찾기 때문이다. 백화점 주변에 거주하는 중장년층은 오히려 명품관을 찾지 않는다.

청년층이 많이 이용하는 인스타그램, 페이스북 등의 SNS를 보면 모두 자기가 행복하다는 것을 말하고 싶어 한다. 해외 여행지, 유명 레스토랑의 요리, 외제 자동차, 명품 사진이 유독 많다. 청년들은 SNS에 행복한 모습만을 보이고 싶어 한다. 이렇게 우리나라 사람은 유독 타인의 시선을 중시하고 남과 비교하여 나의 행복을 저울질한다. 우리나라의 국민소득에 비해 행복지수가 낮은 이유다.

명품을 걸치지 않았다고 행복지수가 낮아지는 것이 아니다. 그런데도 남의 시선을 의식해 명품을 걸쳐야 행복한 사람이 된다고 믿는 것 같다. 가난하고 초라한 내 모습을 감추고 싶고 행복한 모습만을 보여주고픈 욕망이 20대, 30대를 명품 마니아(mania)로 만드는 것은 아닐까.

청년이 값비싼 명품을 걸치고 다닌다고 그를 부자라고 생각하는 사람은 없다. 그들은 낮은 자존감을 감추고 싶어서 명품에 대한 욕망이 많은 것인지도 모른다. 실제로 남들이 다 가지고 다니는 명품이 없어서 불행하다고 느끼는 사람이 많다. 그래서 한 달 월급을 털어 무리하게 명품을 구입한다.

청년들은 이렇게 말한다.

"선생님, 제가 명품을 선호하는 것은 명품 마니아여서가 아니고요. 이것도 훌륭한 재테크라고 생각하기 때문이에요. 명품은 내구성이 뛰어나 오랫동안 사용할 수 있어요. 일반 제품을 쓰는 것보다 명품을 쓰는 것이 오히려 이득이죠. 또 명품은 빈티지(vintage)로서의 가치도 높아요. 시간이 갈수록 그 가치는 더 오른다고요."

정말 그럴까? 내가 알고 지내는 봉제공장 사장님은 이렇게 말한다.

"지금은 A급 짝퉁도 진화를 거듭해 6개월 경력의 초보 직공이 만든 제품도 명품과 구분하기 어려워요."

명품이 빈티지로서의 가치가 높다는 말은 다 허울이다. 명품을 걸침으로써 주목받는 시선 때문에 명품을 산다고 솔직하게 말하는 것이 오히려 믿음직해 보인다.

나도 잘 안다. 청년 시기에 화려한 것을 동경하는 마음을. 나도 다 이런 시기를 거쳤다. 또 무조건 아껴 쓰는 것이 능사가 아니라는 것도 안다. 그러나 소비재 하나에 월급을 몽땅 지출하는 것은 상식에서 벗어나는 일이다.

인간 수명이 아무리 늘었어도 봄, 여름, 가을, 겨울을 100번 반복하면 세상의 먼지로 사라진다. 이렇게 생각하면 인생은 참으로 덧없다는 생각도 든다. "그래! 어차피 한 번 사는 인생인데 나 하고 싶은 대로 살지 뭐." 이런 욜로(YOLO; You Only Live Once)도 좋다. 인생을 사는 가치관은 모두 다르니 누가 맞고 틀리고의 문제는 아니다.

그래도 나는 한 번 사는 인생 잘살고 싶다. 지혜롭게 일과 휴식을 잘 조화시키면서 부유한 삶을 살고 싶다. 부유한 척하는 삶은 살고 싶지 않다. 여러분은 어떤 삶을 살고 싶은가?

우리나라는 해방 후 70년 동안 압축 성장을 거듭했다. 국가경제 총량이 360배나 커졌다. 그럼에도 국민은 행복하지 않다고 한다. 일부 계층이 사회가 생산한 잉여가치를 독식해서 부익부 빈익빈 현상이 더 심해

졌기 때문이다. 상대적으로 가난하다고 생각하는 국민이 많아졌다.

국가가 시장에 개입해 부의 불균형을 줄이려는 노력은 필요하다. 하지만 내가 버는 소득에 비해 과한 지출을 하고 있는지 반성하는 것이 먼저다. "명품은 걸어 다니지 않는다."는 말은 일부 청년들이 자신의 소득은 생각하지 못 하고 과도한 지출을 하면서 나온 말일 것이다.

재테크에서 지출을 억제하는 것만큼 단기간에 효과를 보는 방법도 없다. 소득보다 많은 지출을 하는 사람은 가난해질 수밖에 없다. 이것은 자본주의 생존 논리다.

부자만 아는 투자 비법은 없다

흔히 재테크에서 성공하려면 많은 지식과 정보가 있어야 한다고 생각한다. 정말 특별한 지식이나 정보가 부자를 만들었을까? 아니다. 상식적이고 단순한 투자를 한 사람들이 부자가 되었다. 예를 들면 주식을 매달 적립식으로 꾸준히 사거나 좋은 부동산을 오랫동안 보유하여 부자가 된 사람들이 그렇다.

이것이 특별한 지식이나 정보가 있어야 할 수 있는 일인가? 세상에 부자만 아는 투자 비법은 없다. 지금은 도제식(제자가 스승에게 절대적으로 복종하며 배우는 방법)으로 지식이 전파되는 시대가 아니다. 만인이 정보를 생산하고 공유하며 소비하는 인터넷 시대다. 지식이나 정보가 없어서 투자를 못 하는 사람은 아무도 없다.

경제신문에 나오는 기사만 잘 읽어도 어느 지역의 아파트가 오를지 쉽게 알 수 있고, 주식시장의 유망 업종도 쉽게 알 수 있다. 전문가 뺨치는 지식과 통찰력으로 투자 정보를 알려주는 블로거와 유튜버도 많다. 즉 지금은 뭘 사야 할지 몰라서 돈을 못 버는 시대가 아니다.

세상에 조금만 관심이 있는 사람이라면 누구나 어떤 주식 종목이 미래에 오를 가능성이 큰지 잘 안다. 부동산도 어느 지역이 오를지 잘 안다. 주식이든 부동산이든 핵심 가치가 있는 상품은 시간이 문제일 뿐 늘 장기적으로 우상향했다. 그런데 우리는 왜 부자가 되지 못했을까? 여기가 바로 부자와 가난한 자를 가르는 지점이다.

부자와 가난한 자를 가르는 것은 지식이 아니라 투자 방법론이다. 부자는 끊임없는 자기계발을 통해 단단한 종잣돈을 만든다. 느리고 지루하지만 이 과정을 인내하고 이겨 낸다. 이렇게 단단한 종잣돈을 만드는 것은 매우 중요하다. 시장에는 자산 가격이 오르고 내리는 경기 사이클이 있기 때문이다.

좋은 투자 상품을 잘 골라도 예상치 못한 경기 하락 사이클을 만났을 때가 문제다. 부자는 여윳돈으로 투자하기 때문에 경기가 나빠져도 흔들리지 않고 견딜 수 있다.

반면에 빈자는 신용대출 같은 무리한 레버리지를 활용하여 투자한다. 점점 늘어나는 손실과 금융비용을 감당할 수 없다. 나중에 다시 상승할 것을 알아도 눈물을 머금고 손절매를 한다. 시장의 변동성을 감당하지 못하기 때문에 큰 손실을 보는 것이다.

주식이든 부동산이든 우량 상품은 하락국면이 끝나면 다시 상승국면을 맞이한다. 새로운 상승 사이클에서는 새로운 신고가(과거의 높았던 가격을 넘어선 가격)를 쓰는 경우가 많다. 부자는 어려운 시기를 넘기고 다시 상승 사이클을 탄다. 반면에 빈자는 이미 시장을 떠났고 다시 돌아오지 못한다. 이런 이유로 같은 종목이나 부동산에 투자해도 누구는 승자가 되고 누구는 패자로 남는 것이다.

그래서 나는 청년을 대상으로 하는 재테크 강의에서 항상 이렇게 강조한다. "재테크보다 자기계발이 먼저입니다." 자기계발을 통해 단단한 종잣돈을 만들고 흔들리지 않는 투자 원칙과 자세를 갖추는 것이 가장 안전하고 빠르게 부자가 되는 방법이기 때문이다.

물론 개인의 능력이 뛰어난 예도 있다. 이런 사람은 적은 종잣돈으로 레버리지를 잘 활용하여 몇 년 만에 부자가 되기도 한다. 그러나 이런 사람이 얼마나 되겠는가? 모든 사람이 박지성, 박찬호, 김연아 선수 같은 사람이 될 수는 없다. 만약 당신이 그렇게 뛰어난 사람이라면 이미 남들과 다른 삶을 살고 있을 것이다. 우리는 평범한 사람임을 인정하자.

투자를 잘하여 부자가 된 사람 중에는 전문직 종사자가 많다. 이들은 왜 투자 성과가 좋은 것일까? 이들의 재테크 지식이 뛰어나서 그런 것일까? 아니다. 이들은 근로소득이 높아 단단한 종잣돈을 만들기 쉽기 때문이다. 이들은 모아 놓은 여윳돈으로 투자한다. 따라서 시장의 변덕에 일희일비하지 않고 장기 보유할 수 있다.

결국 시장의 변동성을 극복하는 최선의 방법은 시간을 지배하는 것이다. 단단한 종잣돈을 만들수록 시간을 지배할 가능성이 커진다. 재테크는 생각보다 쉽다. 그러나 상식적인 투자를 하고 원칙을 지킬 때만 승리할 수 있다는 점을 명심하자.

세상살이는 점점 팍팍해지고 자연 수명은 길어지고 있다. 지금 받는 월급으로는 내 노후 생활비를 감당하기도 버겁다. 월급만으로 미래 보장이 안 되는 시대다. 그래서 누구나 한 방에 큰돈을 벌고 싶은 유혹을 받는다. 당연한 인간의 심리다. 모든 게 내 뜻대로 된다면 인생에 어려운 일이 없을 것이다.

하지만 재테크는 실패와 상처 속에서 성장하는 인생의 과정과 같다. 실패와 상처가 없으면 좋겠지만 세상사는 뜻대로 되지 않는다. 크고 작은 고난은 필수이고 이런 경험을 통해 우리는 더 성장한다. 다만 다시는 일어서지 못할 만큼의 고난을 겪지 않도록 준비해야 한다.

많은 사람들이 내게 묻는다. "어떻게 하면 부자가 되나요?" 나는 이렇게 대답한다. "서두르지 말고 자기계발을 통해 단단한 종잣돈을 만드세요. 꾸준히 재테크를 공부하고, 경제 흐름에 맞는 투자를 하세요."

이대로 하다 보면 어느새 부자가 된 당신의 모습을 발견하게 될 것이다. 다시 한번 강조하지만 재테크의 기본은 상식적인 투자다. 시장의 변동성을 극복하고 살아남기 위해서는 절대로 무리하면 안 된다. 이것만 지키면 재테크는 생각보다 쉽다.

끊임없는 공부가 성공을 불러온다

나는 기계치다. 내 자동차가 작은 고장이 나도 직접 고치려는 생각은 하지 않는다. 무조건 정비센터를 찾는다. 혼자 힘으로 차를 수리하는 것보다 처음부터 정비센터에 맡기는 것이 경제적으로 더 이익이라고 생각하기 때문이다.

세상에 기계를 잘 다루는 사람이 얼마나 많은가. 이들은 노력한 만큼 그 분야에서 결과를 보답받은 것이다. 내가 기계치가 된 것은 타고난 재능이 없기도 했지만 애초에 노력하지 않아 발생한 것이다.

이처럼 무슨 일이든 노력하는 자와 노력하지 않는 자는 시간이 갈수록 차이가 벌어진다. 재테크도 마찬가지다. 노력하는 자와 노력하지 않는 자는 갈수록 부의 차이가 벌어질 수밖에 없다.

나는 재테크 전문가로 불린다. 그런데 과연 내가 재테크에 대한 재능이 뛰어나서 전문가가 되었을까? 그렇지 않다. 나는 대학에서 회계학을 전공하고 대학원 두 곳에서 무역학과 경제학을 전공했다. 사회

생활도 전공을 살려 저축은행에서 시작하였다. 그래서 누구보다 재테크에 관한 지식과 경험을 많이 쌓았다.

누구라도 나처럼 오랫동안 재테크를 열심히 공부하고 경험하면 전문가가 될 수밖에 없다. 나는 뛰어난 능력을 갖춘 사람이 아니다. 다만 다른 사람들이 생업을 위해 열심히 일하는 동안 내 직업인 재테크 연구를 열심히 했을 뿐이다. 그만큼 재테크 연구에 많은 시간을 쏟아왔다. 다양한 각종 보고서를 읽고 연구한다. 그래서 시장을 보는 통찰력이 좀 더 있을 뿐이다.

타고난 재능이 남다른 사람은 분명히 있다. 하지만 재능만으로 노력하는 자를 이길 수 없다. 내가 남보다 재테크를 보는 눈이 뛰어나다면 이것은 나의 타고난 재능이 아니라 누구보다 많은 시간을 재테크 연구에 몰두했기 때문이라고 생각한다.

세상의 모든 전문가는 자기 분야를 꾸준히 학습해 온 사람들이다. 그러니 여러분이 재테크 전문가가 아닌 것은 당연하다. 여러분이 재테크로 부자 월급쟁이의 꿈을 이루려면 재테크 공부를 꾸준히 해야 한다.

내가 전문가 칼럼을 기고하는 다음 텐인텐(10in10; 10년 10억 만들기) 카페 회원들은 나에게 재테크 문제를 상담한다. 그럴 때마다 참으로 난감하다. 지금은 매일매일 사람들이 수많은 정보를 생산하고 공유하며 소비하는 시대다. 이런 시대에 어찌 한 개인의 지식이 만인이 정보를 만들고 공유하는 인터넷을 넘어설 수 있겠는가?

내 능력이 인터넷 공간에서 생산되는 정보의 양과 질을 따라가지 못한다는 것을 나도 잘 알고 있다. 내게 묻는 이들도 이 사실을 모두 알고 있다. 그런데도 묻는 이유는 경험이 많은 나의 시장에 대한 통찰을 듣고 스스로 확신하고 싶기 때문일 것이다.

내가 답해주면 그들은 의례적인 감사의 말을 남긴다. 답해준다고 나에게 돌아오는 어떠한 경제적 보상도 없다. 그래도 좋다. 나는 우리 사회로부터 많은 것을 받고 살았다고 생각한다. 텐인텐 카페에 재테크 칼럼을 쓰는 일은 내가 받은 고마움을 사회에 돌려주는 것이라고 믿는다. 재능기부라고 여기고 즐겁게 이 일을 하고 있다.

한때 "부자 되세요."라는 말이 덕담이 될 정도로 재테크 열풍이 불었었다. 이는 당연한 현상이다. 돈이 세상 모든 행복의 기준이라고 생각하는 배금주의 사상이 사회 전반에 팽배하기 때문이다. 이를 거부할 수 있는 사람은 없다.

그래서 사람들은 일도 중요하지만 재테크를 잘해야 부자가 된다는 말을 입에 달고 산다. 실제로 재테크로 월급보다 많은 임대소득이나 금융소득을 올리는 월급쟁이 부자를 우리 주변에서 심심치 않게 본다.

그런데 이렇게 사회 전반에 재테크 광풍이 불어도 모두 부자가 되지는 못한다. 당연한 일이다. 어찌 노력도 하지 않고 부자의 꿈을 꿀 수 있단 말인가? 시간과 노력을 투자하면 직무 능력이 깊어지는 것처럼 재테크도 끊임없는 공부와 노력이 필요하다.

공부하지 않고 남을 따라 투자하면 앞서간 사람이 떨군 폭탄을 떠안게 될 뿐이다. 따라서 우리는 자기 실력을 자본으로 삼는 자기 주도형 투자자로 거듭나야 한다. 자기 주도형 투자가가 되려면 끊임없이 공부하고 배워야 한다.

세상에 재능이 뛰어난 사람은 많다. 그렇지만 재능이 성공을 보장해 주지는 않는다. 아무리 타고난 재능이 뛰어나도 노력하지 않으면 그 재능도 언젠가 멈춘다. 그 순간부터 시장에 뒤처지는 투자자가 된다. 하지만 항상 노력하는 투자자는 시간이 문제일 뿐 언젠가는 그 노력을 보답받는다.

흔히 재테크는 운칠기삼(運七技三)이라고 한다. 운이 70% 작용한다는 뜻이다. 하지만 그 운도 노력하고 준비한 사람에게만 찾아간다. 세상에 100% 운으로 성공하는 일은 없다. 재테크의 성공은 끊임없는 공부와 노력으로 얻는 것이다.

재테크에서 공부의 중요성을 이해했을 것이다. 그렇다면 남은 건 실천이다. 거창한 공부 계획을 세우지 않아도 좋다. 인터넷에 나오는 경제기사를 읽고 중요 기사를 스크랩하는 것부터 시작하자. 그동안 몰랐던 경제 용어에 조금씩 익숙해진다. 천천히 꾸준히 하다 보면 경제기사를 분석하는 능력까지 생길 것이다.

재테크에 경제학 교과서 수준의 지식이 필요하진 않다. 매일 경제기사를 읽고 시장의 흐름을 읽는 능력을 조금씩 키우면 된다. 세상 모든 일이 다 그렇지만 한순간에 이루어지는 일은 없다. 로마는 하루아침에 이뤄지지 않았다는 말도 있지 않은가. 그저 꾸준히 하는 수밖에 없다.

단단한 종잣돈을 만들어라

재테크의 첫걸음은 어떤 상황에서도 부서지지 않는 단단한 스노우볼(종잣돈)을 만드는 일이다. 여러분의 어린 시절 눈이 펑펑 오던 때를 떠올려 봐라. 눈사람을 쉽게 허물어지지 않도록 만들려면 무엇부터 해야 하는가?

먼저 내 손안에 잡히는 콩알만 한 눈덩이를 처음부터 단단하게 만들어야 한다. 그래야만 눈덩이를 계속 굴려서 쉽게 부서지지 않는 큰 눈사람을 만들 수 있다.

월급쟁이가 재테크로 성공하는 과정도 이와 크게 다르지 않다. 매달 받는 월급을 아껴 쓰고 모아야 한다. 경제위기가 오더라도 무너지지 않도록 처음부터 단단한 종잣돈을 만드는 과정이 중요하다. 모든 월급쟁이 부자는 이런 과정을 거쳐 경제적 자유를 얻었다.

기성세대는 빠르게 변하는 시대 흐름을 따라가기도 힘겹다. 반면 요즘 청년들은 기성세대보다 재테크 지식이 많다. 인터넷으로 늘 최신 재테크 정보를 흡수한다. 이들은 인터넷을 늘 접하며 자랐기 때문이다. 그래서 흔히 청년들의 투자 성과가 좋을 것으로 생각한다.

그런데 이상한 일이다. 여러 금융사의 보고서를 보면, 청년들의 투자 성과는 기성세대보다 형편없다고 한다. 이는 각종 통계자료에 의해 검증된 사실이다.

왜 이런 현상이 생길까? 재테크 세계에서는 많이 아는 것보다 개인의 경험치가 더 크게 작용하기 때문이다. 기성세대는 사회 초년생의 저축 상품으로 무엇이 좋은지 살아온 경험으로 잘 알고 있다. 그러나 청년들은 헛똑똑이가 많다. 머리로는 알고 있어도 무슨 이유에서인지 보험사에서 판매하는 저축성 보험으로 생애 최초 통장을 만든다.

보험사의 저축형 상품은 설계사들의 수수료를 공제하고 이자를 받는다. 따라서 보험사의 저축형 상품은 은행권 금융상품의 수익률을 따라갈 수 없다. 이런 이유로 나는 "아는 것이 중요한 것이 아니라 제대로 실천하는 것이 중요하다."라고 강조해서 말한다.

최근 청년실업이 문제로 떠오르면서 전업으로 주식투자를 하는 청년들이 많다. 이들은 가진 돈이 적기 때문에 주식, 선물, 옵션 등으로 한 방에 큰돈을 벌려고 한다. 그렇게 해서라도 부자의 꿈을 이루면 좋겠지만 뜻대로 되지 않는다. 결국 쪽박을 차고 경제적 사망 선고를 받는다. 나는 이런 사례를 너무 많이 봤다.

재테크를 '기술적으로 돈을 뻥튀기해 빠르게 부자의 꿈을 이루는 도구'로 여기는 사람이 많다. 그러나 재테크는 삶에 대한 자신의 철학과 인생관이 더 중요하다. 철학과 인생관 없이 부자의 꿈을 이룬 사람은 없다고 생각한다.

종잣돈을 만드는 과정은 지루하고 따분하다. 이런 지루함을 이겨내지 못하는 청년들이 많다. 편법으로 빠르게 부자 되기를 꿈꾼다. 하지만, 종잣돈은 월급을 꾸준히 저축하고 불리는 지루한 과정을 이겨내야 비로소 만들 수 있다.

먼저 금융권의 자유적립예금에 자신이 받는 급여의 절반을 저축하여 작은 목돈을 만들어라. 이렇게 만든 목돈을 다시 회사채나 수도권 소형 오피스텔 등의 상품에 투자하면, 본격적인 투자에 앞서 의미 있는 종잣돈을 만들 수 있다. 이 방법은 내가 직접 해본 방법이다.

재테크는 소득이 많든 적든 지출을 줄이고 저축하는 것에서부터 시작된다. 이것을 지키고 실천하는 사람이 결국 부자가 되고 돈 때문에 인생이 불행해지지 않는다.

나는 대중을 대상으로 하는 강의에서는 금융 테크닉을 이용해 부자가 되는 방법은 자제해서 말하는 편이다. 이런 방법은 위험성이 매우 높기 때문이다. 단순히 이론만으로 되는 것도 아니다. 이론만으로 쉽게 배우고 할 수 있다면 가난한 사람이 있을 리 없지 않은가?

이 땅에서 월급쟁이로 살아가는 우리 청년들에게 당부하고 싶다. 첫째, 월급의 일정액을 꾸준히 저축하라. 둘째, 주식시장의 시가총액 상위 우량종목 중 미래에 가치가 상승할 종목을 찾아, 저축하듯이 적립식으로 꾸준히 사 모아라.

이 방법은 자산운용사에서 판매하는 적립식 펀드와 같은 효과를 낸다. 직접적인 적립식 매수는 펀드처럼 수수료도 없고 이익 실현이나 손절매도 내가 원하는 때 쉽게 할 수 있어 투자 성과도 좋다. (제4장 '월급쟁이 부자의 금융상품 쇼핑법' 편에서 자세히 다룬다.)

재테크에서 종잣돈을 만드는 과정은 매우 중요하다. 어느 순간에도 포기하지 말아야 하는 미션이다. 종잣돈을 만드는 과정이 없으면 맨땅에 헤딩하는 식이 된다. 생각해 봐라. 맨땅에 헤딩하면 머리만 깨질 뿐이다. 종잣돈을 만드는 과정이 느리고 지루해도 미래를 위해 이를 즐기는 현명한 월급쟁이가 되기를 바란다.

항상 퇴로를 열어 두어라

시장의 앞날은 누구도 모른다. 시장은 우리 생각과 달리 갑자기 폭등하기도 하고 급락하기도 한다. 이렇게 변화무쌍한 시장을 항상 이길 수 있다고 자신하는가? 그렇다면 너무 건방진 생각이다.

주류경제학자들은 인간의 이성에 기초해 '시장은 합리적이고 이성적'이라고 주장한다. 이런 생각을 기초로 경제적 가설을 세우고 이를 수학과 통계학으로 증명하려 한다. 그러나 미래를 예측하는 것은 인간의 이성으로는 불가능하다. 오죽하면 2002년 노벨경제학상을 심리학자인 다니엘 카너먼이 수상했겠는가?

주류경제학(主流經濟學)
주류경제학은 시장경제는 희소자원을 가장 효율적으로 배분하며, '보이지 않는 손'이 시장을 완전하게 이끌어간다고 주장한다.

다니엘 카너먼(Daniel Kahneman)
미국 심리학자이자 경제학자로 인간의 의사결정은 합리적이거나 이성적이지 않음을 입증했다. 경제학의 새로운 지평을 연 공로로 2002년 노벨 경제학상을 받았다.

그는 "시장에서 인간의 이성은 초라한 조랑말에 불과하고, 인간의 감성은 거대한 코끼리다."라고 말했다. 인간의 이성이 변화무쌍한 시장을 이길 수 있다는 논리는 시장에 대한 이해 부족에서 나온 것이다.

나는 주류경제학을 전공한 사람이다. 그러나 주류경제학을 믿지 않는다. 주류경제학이 시장을 정확하게 예측할 수 있다면 그 종속물인 재테크는 너무 쉬울 것이다. 우리가 재테크를 잘하려고 머리 싸매고 고민할 필요도 없다.

근대 경제학의 창시자 아담 스미스(Adam Smith; 1723~1790, 국부론)는 "인간은 이성적이며 합리적인 의사결정을 하고, 시장은 보이지 않는 손(invisbile hand)에 의해서 발전하고 성장한다."고 말했다. 그의 후학들은 이를 거의 맹신한다.

그런데 과연 시장이 그의 말대로 인간의 합리성과 이성에 의해 작동하던가? 시장은 그들의 이론대로 움직이지 않았다. 그래서 '경제학은 죽었다'는 얘기에 공감하는 사람들이 많아졌다.

한편 19세기 중반 인간의 본성에 눈을 뜬 실증주의자들은 계몽주의가 인간의 실체를 잘못 파악하고 있다면서, "인간은 이성보다는 감성과 탐욕에 의해서 지배되는 존재"라고 주장했다.

나는 이들의 말을 믿는다. 지금 우리가 현실에서 부닥치는 사회, 정치, 경제 문제에서 인간의 이성으로 이해할 수 있는 부분이 얼마나 되는가? 시장의 가격은 인간의 이성보다 인간의 탐욕에 의해서 결정된다고 보는 것이 더 합당하다. 따라서 우리는 늘 인간의 탐욕에 의해 만들어지는 버블(bubble; 거품)이 얼마나 위험한지 알고 대비해야 한다.

나는 금융권에서 사회생활을 시작했기 때문에 아무래도 유동성을 중시한다. 쉽게 말하면, 언제든지 현금으로 바꿀 수 있는 투자상품을 선호한다. 반면에 돈이 장기간 묶이는 토지, 상가 등의 부동산 투자는 자제했다. 내 투자 방법이 절대적으로 옳다고 생각하지는 않는다. 그러나 이 방법이 위험을 줄이는 데 크게 도움이 된다고 믿는다.

사람들은 내게 종종 묻는다. "토지에 투자했는데 돈이 묶였어요. 지금 팔리지도 않고 이자만 계속 내고 있어요. 어떻게 하면 좋을까요?" 이런 문제에 누가 확답을 할 수 있겠는가? 가격을 낮춰도 매수자가 안 나타나는 환금성이 떨어지는 물건을 가지고 말이다.

토지 투자가 나쁘다고 말하는 것이 아니다. 장기간 투자가 필요한 물건에 올인하는 것이 위험하다고 말하는 것이다. 아무리 미래 가치가 좋은 물건이라도 지나치게 큰돈이 묶이면 수시로 변하는 경제 상황에 대처하기가 어렵다.

어떤 상품에 투자해도 퇴로는 확보해야 한다. 즉 환금성이 떨어지는 상품은 여윳돈으로 투자해야 한다. 그래야만 세계 경제위기가 오든 한국 경제위기가 오든 큰 타격을 받지 않고 견딜 수 있고, 원하는 때에 빠져나갈 수 있다.

우리는 과도한 대출 레버리지를 이용하는 투자자를 많이 본다. 그러나 시장은 사람의 의지대로 움직이지 않는다. 마냥 오를 줄 알았던 시장이 갑자기 냉각되면 그 많던 시장의 매수자는 소리 없이 사라진다. 헐값에 내놔도 시장에서 입질도 없다.

불황기가 길어질수록 금융비용은 눈덩이처럼 늘어난다. 이자를 감당하지 못할 지경에 이르면 결국 경매로 넘어간다. 이것이 불황기에 '갭투자'에 나섰던 사람들의 말로다.

갭투자 (gap 投資)

매매가와 전세가의 차액이 적은 주택을 전세를 끼고 매입하는 투자 방식이다. 예를 들어, 매매 가격이 3억 원짜리 주택을 2억 7,000만 원의 전세를 끼고 3,000만 원에 사는 투자 방식이다.

부동산 상승기에는 적은 돈을 들여 큰 차익을 얻을 수 있는 장점이 있다. 반면에 부동산 하락기에는 집값이 전세가보다 내려가서 깡통주택이 되기도 한다.

매매가 ┐
        ├ 갭
전세가 ┘

모두 이것을 남의 문제라고 생각하고 나는 해당 사항이 없다고 여길 것이다. 하지만 인간의 탐욕이 지배하는 투자시장에서는 나도 언제든지 이런 문제에 말려들 수 있다. 내 이성은 위험한 투자라고 인식하더라도 내 탐욕은 어느 방향으로 움직일지 모른다.

그래서 나는 인간의 본능을 제어하려면 투자원칙을 만들고 시스템화해야 한다고 생각한다. 투자원칙과 시스템을 만들고 지키면 탐욕을 억제할 수 있기 때문이다.

아무리 미래 가치가 있는 물건이라도 절대로 몰빵 투자하지 말고, 최소한의 유동성을 확보하여 퇴로를 열어 두어야 한다. 그래야 투자에 실패해도 다음 기회를 모색할 기회가 주어진다. 전쟁터에서도 퇴로가 막힌 군대는 몰살당하지 않던가.

재테크는 짧은 시간에 승부를 볼 수 없는 게임이다. 쉽게 말하면, 평생 끝나지 않는 고스톱판과 같다. 평생 몸담아야 하는 게임에서 승리하려면, 게임의 법칙을 먼저 숙지하고, 패가 안 좋을 때는 다음 판을 기다릴 줄도 알아야 한다.

결국 재테크에 실패하는 원인은 탐욕을 다스리지 못해서다. 시장의 순리에 따라 원칙을 지키며 상식적으로 투자해도 절대 늦지 않는다. 항상 다음 기회가 또 오기 마련이다. 뭐가 그리 급해 항상 무리수를 두는가?

아무도 말하지 않는 불편한 보험

 질병, 교통사고, 사망 등의 재해를 사회 구성원이 공동으로 부담하여 보장받는 제도가 바로 보험이다. 우리가 세상을 사는 동안 보험은 꼭 필요하다. 그러나 탐욕스러운 보험사는 늘 이익을 확대하려고 노력한다. 그래서 보험에 펀드를 결합한 상품인 변액보험 상품을 만들어냈다. 앞서 얘기했듯 이런 간접상품은 목돈을 모으고 돈을 불리는 데 전혀 도움이 되지 않는다.

 그런데 왜 여전히 경제성이라고는 하나도 없는 변액, 저축형, 연금형 보험에 가입하는 행렬이 줄어들지 않을까? 내가 보기에 보험영업을 하는 사람들이 모두 지인이고 친구이기 때문이다. 보험이 꼭 필요하지 않지만 요청을 거절할 수 없었을 것이다.

 주변의 친지나 친구들이 언젠가 사업이 어려워지거나 회사에서 퇴직할 수 있다. 청년들의 일자리도 없는 판국에 중년들의 일자리가 있을 리 없다. 이들이 가장 쉽게 선택할 수 있는 일은 보험영업이다. 열심히 보험을 팔아야 먹고 산다.

IMF 외환위기 때가 생각난다. IMF 외환위기가 터지고 국내 대기업들마저 파산하자, 내 해군 장교 동기들은 대졸 보험설계사를 대대적으로 뽑았던 ING 생명보험사에 입사하였다. 동기들은 보험을 팔아 생계를 유지했었다.

그 당시 나는 하는 일이 모두 잘 풀려서 경제적으로 여유가 있었다. 해군 장교 동기들과는 인생의 고락을 함께했기 때문에 묻지도 따지지도 않고 보험을 들어주곤 했었다.

친구들도 마찬가지였다. 어렵게 보험 얘기를 꺼낸 친구들에게 상품 내용도 안 물었다. 그냥 보험을 들어줬다. 그 당시 친구들이 내게 권했던 보험은 주로 종신보험이었다. 나중에 알고 보니 종신보험이 가장 많은 수당을 받는 상품이었다.

시간이 지나고, 이렇게 가입했던 수많은 보험을 해약했다. 해약 후 받은 돈은 원금의 절반도 되지 않았다. 해군 장교 동기들과 친구들을 위한 것이었으니 아깝지는 않았다.

아마 나와 같은 이유로 보험에 가입한 사람들이 많을 것이다. 그래서 보험의 진실을 말하는 것은 참 어렵다. 모두가 보험을 회피한다면 일자리를 잃을 사람이 많기 때문이다.

치명적인 질병을 담보하는 보험과 자동차 손해보험은 꼭 필요한 보험이라고 생각한다. 하지만 보험사의 저축형 상품은 목돈을 모으고 불리는 상품이 아니다. 절대 착각해서는 안 된다. 특히 사회에 막 진출한 우리 청년들은 저축형 보험에 가입하지 않았으면 좋겠다.

노파심에 부연하면 나는 보험을 나쁘다고 말하는 것이 아니다. 보험회사들이 이익을 늘리기 위해 가입자에게 불리한 구조의 상품을 만들고 판매해서는 안 된다고 말하는 것이다.

지금은 정보가 빠르게 공유되는 인터넷 시대다. 보험의 진실을 아는 사람은 많다. 그런데도 드러내 놓고 말하지 못 한다. 친구들과 지인들이 보험영업을 하고, 우리는 지인에 대한 연민으로 보험에 가입하는 경우가 많기 때문이다.

하지만 미래를 위해 냉정하게 손익을 따지는 사람이 되길 바란다. 보험사의 저축형 상품은 목돈을 만드는 데 가장 방해되는 상품이다. 이것을 절대 잊지 말자.

간접투자의 사탕발림에 속지 마라

　지금 여러분의 통장을 모두 꺼내 보라. 상당수가 주식형 펀드, 개인 연금 펀드, 변액보험 관련 상품일 것이다. 귀중한 내 돈을 불려줄 것이라고 믿고 가입했던 상품의 결과는 어떤가? 수익은 고사하고 원금까지 까먹은 상품이 대부분일 것이다.

　이런 상품에 가입하면 누가 이익을 볼까? 가입자? 펀드를 파는 사람? 펀드를 운용하는 사람? 가입한 사람만 빼고 모두 돈을 번다. 자산운용사는 투자 손실이 나도 매년 꼬박꼬박 수수료를 떼어간다. 세상에 이렇게 불공정한 투자상품이 있을까? 그래서 펀드는 20세기 금융자본이 만든 최고의 상품이라는 비웃음을 받고 있다.

　개인들은 왜 이런 상품에 가입하는 것일까? "빠른 속도로 성장하는 신흥국 주식에 투자하세요." 같은 미디어의 화려한 광고에 속는 경우가 많다. 또 "수익률 좋은 투자상품에 가입하세요."라는 은행 직원의 사탕발림에 넘어가기도 한다. 바쁜 당신은 돈만 맡기면 된다고 한다.

최고 학력과 실력을 지닌 전문가들이 알아서 투자하고 돈을 불려준다고 한다.

모두 헛소리다. 투자상품에 화려한 말은 다 필요 없다. 투자상품은 안정성과 수익성으로 그 가치가 평가되기 때문이다. 지금까지 안정성과 수익성을 보여준 간접투자 상품이 있던가?

내가 보기에 간접투자는 가장 형편없는 재테크 방법이다. 나는 원래부터 간접투자 상품을 좋아하지 않았지만, 수많은 대중 강의에서 질문을 듣고 재테크 상담을 하며 개인투자자의 속사정을 듣고 나서 더 좋아하지 않게 되었다.

현재 시중에서 판매되는 펀드나 변액보험 상품은 대부분 손실을 보고 있다. 혹자는 포트폴리오 다양화 차원에서 펀드나 변액보험을 부정적으로 봐서는 안 된다고 말한다. 이는 다 배부른 사람들의 얘기다. 아무리 금액이 적어도 우리가 피땀 흘려 번 소중한 돈이기 때문이다.

이제는 대부분의 사람들이 주식형 펀드가 형편없는 상품이라는 것을 알고 있다. 그렇다면 변액보험은 어떨까? 변액보험은 과연 우리의 돈을 안정적으로 불려줄 수 있을까? 앞서 말했듯 투자상품은 결과로 말해야 한다. 당연히 변액보험의 투자실적은 좋지 않다.

> **변액보험(變額保險, variable insurance)**
> 납입한 보험료 일부를 주식이나 채권 등에 투자하고, 투자 성과를 나눠주는 보험 상품을 말한다. 변액보험은 언뜻 매력적으로 보인다. 하지만 원금손실이 발생할 수 있고 예금자보호법의 보호를 받지 못한다.

보험설계사들은 변액보험 판매에 열을 올린다. 이들이 전력을 다해 열심히 파는 이유는 왜일까? 이들이라고 변액보험이 고객을 눈물 나게 만드는 상품이라는 것을 몰랐을까? 당연히 알고 있다. 이것을 제대로 이해하려면 먼저 보험사 영업 구조에 대해 알아야 한다.

보험사 영업사원은 회사에 고용된 정직원이 아니라 개인사업자로 분류된다. 따라서 이들은 보험사에서 월급을 받지 않는다. 영업활동으로 받는 수당이 수입의 전부다. 보험사에서 판매하는 상품 중에서 가장 많은 영업 수당을 지급하는 상품이 바로 변액보험 상품이다. 그래서 이들은 변액 관련 상품을 열심히 파는 것이다.

씁쓸하기는 하지만 이것도 먹고살자고 하는 일이니 무조건 그들을 욕할 수도 없다. 이런 구조를 만든 자본의 행태, 정부 당국을 먼저 탓할 수밖에 없다. 변액보험 상품에 대한 수수료 규정은 금융감독원에 모두 나와 있다. 이를 확인해 보고 투자 여부를 결정하기 바란다.

변액보험이 가장 먼저 시작된 미국에서도 변액보험 민원이 많다. 우리나라도 같은 이유로 변액보험은 금융감독원에 민원이 가장 많이 제기되는 상품이다. 이렇게 쉽게 막대한 이익을 얻을 수 있는 상품 판매를 누가 허락했을까?

바로 여의도에 서식하면서 국민의 세금만 축내는 철새 국회의원들이 입법한 것이다. 금융자본은 그들의 이익을 위해 얼마나 많은 돈으로 로비를 해왔겠는가. 세상에 간접투자로 부자가 된 사람은 없다는 사실을 잊지 말자.

나는 투자 상품에는 경계가 없다고 말해왔다. 안정성, 수익성, 환금성을 저울질하여 비교우위에 있는 상품을 선택하면 된다는 뜻이다. 평범한 월급쟁이들은 적은 월급을 아껴 쓰고 그 돈을 쪼개서 저축까지 하며 살고 있다. 투자 상품을 잘못 골라서 그동안의 노력을 물거품으로 만들지 말자.

우리나라의 가계자산은 부동산에 집중되어 있다. 이는 자산운용의 유동성을 해친다는 면에서 바람직하지는 않다. 하지만 "개인의 자산이 부동산에 집중되어 있으니 금융자산을 늘려야 한다."라는 말을 믿어서도 안 된다. 이것은 금융회사의 마케팅 차원에서 나온 말이라고 생각한다.

돈이 되는 상품에 자산을 집중한 것이 무슨 문제라는 말인가? 나는 이것이 좋든 나쁘든 대한민국에서 집은 '사는 곳(living)'이 아니라, '사는 것(buying)'이라고 생각한다. 집 한 번 사고파는 것으로 5년 치 연봉을 한 번에 버는데 누가 부동산을 거부할 수 있을까?

개인이 잘살아 보려고 합법적으로 하는 재테크에 도덕성을 들이대서는 안 된다고 생각한다. 우리나라는 개인의 경제활동이 합법적이라면 사유재산권을 보장하는 나라이기 때문이다.

무엇이 당신을 미래에 부자로 만들어 줄 것인지 감이 오는가? 간접투자를 버리고 현명한 자기 주도형 투자를 하길 바란다.

민간연금이 당신의 노후를 더 가난하게 만든다

    왜 돈은 나만 피해 가는 것일까? 여기에는 많은 이유가 있다. 그 이유 중 하나는 번듯한 이름에 속아 쭉정이 같은 상품에 투자하고 돈을 까먹기 때문이다. 대표적으로 민간 금융회사에서 판매하는 연금 관련 상품이 있다.

    연금은 일을 하여 버는 소득에서 매달 일정 금액을 납입하고, 노후에 다달이 생활자금을 받는 것이 목적이다. 영어로 연금을 뜻하는 단어는 'pension'이다. 영국에서 은퇴자들이 시골에 가서 펜션을 짓고, 이곳에 오는 숙박객에게 돈을 받아 노후자금으로 쓰는 것에서 유래했다. 그래서 전원주택(pension)과 연금(pension)을 뜻하는 단어가 같다.

    현재 공무원이 노후에 받는 공무원 연금의 소득대체율은 65%이다. 이에 비해 일반 국민이 받는 국민연금의 소득대체율은 40% 수준이다. 나는 일반 국민을 대상으로 하는 국민연금은 매월 납입금액을 늘려서라도 소득대체율을 높일 필요가 있다고 생각한다.

소득대체율(所得代替率)
매달 받는 연금이 개인 생애 평균소득의 몇 %인지 보여주는 비율을 말한다. 월 연금 수령액을
연금 가입기간의 월평균 소득으로 나눠 구한다. 예를 들어 소득대체율이 50%면 노후에 매달
받는 연금액이 연금 가입기간 월평균 소득의 절반 정도 된다는 의미다. 안락한 노후보장을 위
한 소득대체율은 65~70%라고 한다.

국민연금(國民年金)
가입자가 은퇴한 후 일정한 소득을 보장하는 제도로 88년 1월 1일부로 실시됐다.

민간연금은 가입자가 100%를 내지만 국민연금은 가입자가 50%를 내고 사업자가 50%를 낸다. 예를 들어 매달 월급 200만 원을 받는다면 근로자가 4.5%인 9만 원을 내고 회사가 4.5%인 9만 원을 내는 구조다. 즉 근로자는 9만 원을 냈지만 실제로 18만 원을 낸 효과가 있다. 이것은 민간연금과 비교할 수 없는 국민연금만의 장점이다.

우리는 노후 생활자금을 위해 민간연금에 가입한다. 매달 소득의 일부를 민간연금에 넣으면 이자가 눈덩이처럼 불어나 노후에는 편안한 생활을 할 것이라 기대한다. 그런데 현실은 그렇지 않다. 민간 회사가 운용하는 민간연금은 말이 연금이지, 우리 노후를 망치는 상품이다. 이자는 한 푼도 안 붙고 시간이 갈수록 수익률은 마이너스로 간다. 심지어 마이너스 수익률이 계속 커진다.

역설적이지만 민간연금에 가입하면 더 가난한 노후를 보내야 한다. 금리가 내려갈수록 민간연금 수익률이 더 낮아지기 때문이다. 앞으로도 저금리가 계속될 것이기에 문제의 심각성은 더 커져만 간다. 여기에 민간연금 상품은 수익률이 형편없어도 꼬박꼬박 수수료를 받는다.

이런 이유로 민간연금의 수익률은 높을 수 없다. 개인연금신탁, 연금저축, 연금펀드, 퇴직연금 중에서 과연 시장 평균 수익을 내는 상품

이 있는가? 마이너스 수익률을 내는 상품이 대부분이다. 이처럼 불공정한 상품이 세상에 존재하는 것 자체가 이상한 일이다.

그런데도 민간연금 가입자는 늘어나고 있다. 방송, 신문을 통한 광고와 마케팅 덕분이다. 세뇌된 소비자들은 의심 없이 민간연금 상품을 받아들인다. 언뜻 보기에 민간연금이 제시하는 금리가 높아 보일지도 모른다.

하지만 그들이 떼어가는 사업비나 수수료를 공제하면 실제 수익률은 형편없다. 이렇게 경제성이 없는 상품에 가입하고 부자 되기를 꿈꾸는 사람들이 너무 안타깝다. 지금 당장 당신이 가입한 민간연금 상품의 누적 수익률을 따져 보기 바란다. 얼마나 형편없는 상품에 귀중한 돈을 쓰고 있는지 알게 될 것이다.

금융감독원 퇴직연금 종합안내
http://pension.fss.or.kr
퇴직연금 통계를 볼 수 있고, 퇴직연금 수익률도 비교해 볼 수 있다.

퇴직연금에 대해 알아보자. 퇴직연금은 기업이 퇴직자에게 일시금으로 주던 퇴직금을 금융회사에 맡겨 굴리는 제도를 말한다. 일시금으로 주던 퇴직금을 연금 형태로 지급하겠다는 것이다.

퇴직연금은 원리금 보장 여부에 따라 원리금 보장형, 실적 배당형 등으로 나뉜다. 연금 운용기관을 근로자가 지정하면 확정기여형, 회사가 정하면 확정급여형으로 분류한다. 사실 이런 분류는 중요하지 않다. 실제 퇴직연금이 어떻게 운용되고, 어떤 실적을 내고 있는지 보자.

2018년 퇴직연금 적립액은 총 190조 원으로 2017년과 비교해 22조 원이 늘었다. 문제는 퇴직연금의 수익률이다. 금융감독원 자료를 보면 퇴직연금 수익률은 2018년 기준으로 1.01%이다. 물가상승률을 고려하면 퇴직연금 수익률은 마이너스라는 말이 된다.

퇴직연금은 은퇴자의 노후 생활을 위한 생명줄 같은 돈이다. 그런데 이렇게 낮은 수익률은 정말 큰 문제다. 더 큰 문제는 퇴직연금은 강제연금이라는 데 있다.

2015년에서 2018년 기간의 퇴직연금 수익률 (자료: 금융감독원)

2015년	2016년	2017년	2018년
2.15%	1.58%	1.88%	1.01%

강제연금이 아닌 개인연금도 상황은 마찬가지다. 특히 증권사가 판매하는 개인연금 펀드는 운용수수료가 다른 개인연금 회사보다 높고 그 수익률은 평균보다 낮다.

증권사가 판매하는 개인연금 펀드 중에서 그나마 수익률이 높다는 '한국밸류 10년 투자펀드 수익률을 보자. 2019년 11월 13일 기준으로 3년 수익률 -9.14%를 기록하고 있다. 다른 개인연금 펀드도 상황은 크게 다르지 않다.

금융감독원에서 연금저축 공시를 자세히 살펴볼 수 있으니 직접 찾아 확인하기 바란다.

금융감독원 연금저축 통합공시
http://fine.fss.or.kr/main/saving/gongsi/pension.jsp
은행, 자산운용사, 보험사에서 운용하는 수익률과 수수료 등을 비교할 수 있다.

이상하게도 사회 초년생은 연금 상품을 꼭 가입해야 한다고 생각하는 경향이 있다. 이자는커녕 손실이 나도 수수료를 떼어가는 연금 상품에 가입하면 사회 초년생의 미래는 더 어두워진다.

필자는 돈 안 되는 투자 상품은 빨리 버리라고 말한다. 그런 용기를 가진 사람이 재테크로 성공한다. 재테크는 경제 흐름에 맞게 포트폴리오를 짜서 투자해야 한다. 재테크는 손실을 줄이고 수익을 늘려야 승자가 되는 게임이다. 독자가 이 책을 읽고 민간연금 상품을 쓰레기통에 버릴 수 있다면 그것만으로도 이 책은 충분한 가치가 있다.

사람들은 내게 묻는다 "선생님, 왜 돈은 나만 피해 가는 걸까요?" 나는 이렇게 답해 주고 싶다. "그래요. 당신은 열심히 일하고 저축도 많이 하고 있어요. 열심히 하지만 힘들게 번 돈으로 하는 재테크는 엉망이에요. 이것이 당신이 부자가 못 되는 이유예요."

재테크는 돈 안 되는 금융상품과의 결별부터 시작이다. 재테크라는 큰 싸움에서 승리하기 전에 소소한 싸움에서 먼저 이겨야 한다. 작은 승리가 쌓여야 큰 싸움도 이길 수 있다.

재테크는 어렵지 않다. 재테크는 원칙을 지키고 상식적인 투자만 해도 성공할 수 있다. 누구나 부자가 될 수 있다. 상식이 그렇게 지키기 어려운 일인가. 상품의 타이틀에 속지 마라. 이 상품이 나에게 얼마나 경제적 이익을 가져다줄지 판단해라. 이것이 그렇게 어려운 일인가.

아직도 민간연금이 머스트 해브(must have) 상품이라고 믿는가? 이 상품을 쓰레기통에 버리지 못하고 주저하고 있는가? 경제적 자유를 꿈꾼다면 지금 당장 연금통장을 버려라. 여기서부터 본격적인 부자 프로젝트가 시작된다.

주택연금은 연금이 아니라 대출이다

매년 새로운 민간연금 상품이 정부의 허가를 받고 나온다. 나는 이때마다 "정부가 해야 할 일을 민간에게 미루고 또 금융회사 배불리는 일만 하는구나."라고 생각한다.

최근에 출시된 강제보험인 퇴직연금이 그렇다. 강제로 가입해야 하는데 수익은 나지 않는다. 성과는 나지 않는데 운용수수료는 합법적으로 매년 알차게 뜯어간다. 수익률이 높으면 누가 뭐라 하겠는가? 안 그래도 우리나라는 노후가 불안한 나라이기 때문에 괘씸한 것이다.

주택연금도 이런 연장선에 있는 상품이다. 주택연금은 집을 소유하고 있지만 소득이 없는 노인들을 위해 만들었다. 집을 담보로 맡기고 자기 집에 살면서 매달 국가에서 연금을 받는 제도다. 2004년 한국주택금융공사가 설립되면서 이 제도가 조금씩 알려지기 시작했다. 자세한 내용은 주택금융공사(https://www.hf.go.kr)에서 확인할 수 있다.

주택연금의 장점은 이렇다. 첫째, 주택연금에 가입하면 가입자와 그 배우자가 사망할 때까지 매달 일정액의 연금이 지급된다. 둘째, 노년층의 주거와 생활비 마련이라는 두 마리 토끼를 잡는 효과가 있다. 셋째, 국가에서 지급을 보장하여 안전하다. 넷째, 주택 시세가 떨어져도 지급액이 줄지 않는다.

단점도 있다. 첫째, 주택연금에 가입할 때 비싼 초기보증료를 내고, 보증 잔액의 0.75%인 연 보증료를 매년 부담해야 한다. 0.75% 연 보증료를 직접 내지는 않는다. 그러나 이것을 빼고 연금을 주기 때문에 받을 돈이 크게 줄어든다. 둘째, 재산세를 25% 감면해 주지만 재산세도 내야 한다. 셋째, 부동산 가격이 폭등해도 연금 지급액이 늘지 않는다. 즉 물가상승률이 반영되지 않는다. 그렇다 보니 서울 아파트가 폭등할 때 주택연금을 해지하고 다시 가입하는 일도 있었다.

정부는 계속 주택연금 가입을 독려하고 있고 가입 나이도 55세로 내린다고 한다. 그러나 과연 주택연금이 경제적인지는 철저하게 따져 봐야 할 것이다. 내가 보기에는 경제적이지 않다. 이것은 말이 좋아서 연금이지, 사실 장기 주택 저당권 대출이다.

우리 말로는 주택연금이지만 영어로는 reserve mortgage이다. 즉 '역 모기지'이다. 쉽게 말하면, 주택연금(reserve mortgage)은 집을 담보로 맡기고 장기 대출을 받는 것이다. 한국주택금융공사가 지급보증을 하고 가입자는 매달 대출금을 나눠서 받는 개념이다.

실제 주택연금 가입자의 집에 설정된 등기부등본에 설정된 근지당권을 보자. 근저당권자는 한국주택금융공사이고 채권최고액은 6억 8,000만 원이다. 이 가입자는 현금 2억 2,000만 원에 대출 1억 원을 받아 이 집을 샀고, 이 상태에서 주택연금에 가입했다. 주택연금에 가입

할 당시 시세는 3억 5,000만 원 정도였고, 매달 110만 원을 연금으로
받는다고 한다.

| 11 | 근저당권설정 | 2018년11월28일
제3□□□□호 | 2018년11월27일
설정계약 | 채권최고액 금680,000,000원
채무자 ███████
　서울특별시 ███ █ ███
　█(██████, ████████)
근저당권자 한국주택금융공사 110171-0029402
　부산광역시 남구 문현금융로 40 (문현동,
　부산국제금융센터)
　(서울북부지사) |

이것이 과연 경제적인 상품일까? 30년 정도 연금을 받으면 괜찮을지
도 모르겠다. 나는 개인적으로 경제성이 없다고 생각한다. 지금 110만
원의 구매력과 10년 후 110만 원의 구매력은 크게 차이 나기 때문이다.

그러나 이 주택연금 가입자는 이 집을 팔아서 작은 집으로 옮기고,
남은 돈으로 월세를 받는 소형 오피스텔에 투자하기가 어렵다. 아마
도 이것이 최선의 선택이었을 가능성이 높다.

그러나 5~6억 원이 넘는 주택의 소유자라면 집을 팔아서 작은 집
으로 옮기고, 남은 돈으로 소형 오피스텔을 몇 채 사서 월세를 놓는 것
이 더 경제성이 좋다고 생각한다. 수도권에서 1억 원 이하에 살 수 있
는 소형 오피스텔이 많다.

오피스텔에 따라 다르지만 1,000/30~1000/50 정도의 월세를 받을
수 있다. 월세와 국민연금 등을 받아 노후자금으로 쓰면 된다. 주택연
금은 물가 상승률이 반영되지 않지만 실물자산은 그렇지 않다. 시간
이 흐르면 오피스텔 가격이나 월세가 오른다. 그때는 또 다른 선택지
가 생길 것이다.

시장보다 반발짝만 앞서 가라

 초저금리 시대에 부자들의 돈이 어디로 몰려드는지 관심을 가져본 적이 있는가? 경제신문만 매일 정독해도 쉽게 알 수 있다. 그런데 신문을 읽고 알아도 막상 투자하기는 어렵다. 누구나 소수 관점에서 투자하는 것을 두려워하기 때문이다.

 대부분의 사람들은 다수가 떼로 몰려가 함께 투자할 때 안심한다. 남들과 함께하니 안전하다고 위안 삼는다. 그러나 이렇게 시장 참여자 다수가 한 곳을 향해 달려갈 때는 이미 늦었다.

 결국 당신이 부자가 되지 못한 이유는 항상 시장에 뒤처지는 투자를 해왔기 때문이다. 아무리 우량 주식이나 우량 부동산이라고 해도 실제 가치보다 저평가된 시점에 투자해야 한다. 가격이 고점을 형성할 때 들어가면 안 된다. 그때는 폭탄 돌리기의 마지막 희생양이 될 뿐이다.

 2019년 7월 미국 연방준비제도이사회 의장인 제롬 파월(Jerome Powell)이 미국 기준금리 인하를 강력하게 시사하자 미국증시는 연중 최고치까지 올랐다. 거시 경제지표의 하락, 미중 무역전쟁의 여파로 증시에 대한 비관론이 우세했던 시기였음에도 불구하고 말이다.

연방준비제도이사회 (Federal Reserve Board)
미국 연방준비제의 의사결정기구를 말한다. FRB의장은 세계 경제 대통령으로 불리며 전세계 금융정책에 강력한 영향력을 미친다.

기준금리 (基準金利, Base Rate)
한 나라의 금리를 대표하는 정책금리를 말한다. 미국 기준금리는 연방준비제도이사회(FRB)에서 결정하며, 한국 기준금리는 한국은행 금융통화위원회에서 결정한다.

미국 기준금리 인하는 한국은행의 기준금리 인하로 이어졌다. 이런 추세가 계속될 것이라는 여론이 형성되자 한국증시의 전광판도 온통 빨간색으로 도배되었다.

하지만 이렇게 호재가 시장가격에 반영되고 주가가 계속 올라 고점을 형성할 때 추격매수에 나서면 돈을 벌기보다 손실을 볼 가능성이 크다. 아무리 우량종목 중심으로 포트폴리오를 구성했어도 밀리는 장에 당해 낼 장사는 없기 때문이다.

투자는 항상 시장을 통찰하고 반걸음 앞서 투자해야 수익을 낼 수 있다. 그러나 우리의 투자는 어떤가? 시장이 움직이기 시작하고 시장 참여자 다수가 떼로 달려갈 때 뒤늦게 추격매수에 나서기를 반복하고 있지 않은가?

투자의 달인 벤저민 그레이엄은 "시장이 욕심낼 때를 두려워하고 시장이 공포에 휩싸였을 때 투자하라."고 말했다. 이 격언처럼 아무리 좋은 상품이라도 투자 시점이 중요하다.

현재 한국 자본시장은 '초저금리'라는 악재에 노출되었다. 시장금리의 기준인 국고채 3년물의 금리가 1.3%가 안 된다. 이것은 무엇을 의미하는가? 이제 은행에 예금하거나 보험사의 저축상품, 연금상품 등에 투자해서는 물가 상승률도 따라가지 못하는 시대가 왔다는 뜻이다.

국고채 3년물
국고채는 정부가 발행하고 보증하는 3년 만기 채권을 말한다.
국고채 3년물은 시장금리의 기준이다.

흔히 초저금리가 국민의 저축률을 떨어뜨리고 미래세대를 더 가난하게 만든다고 말한다. 이 초저금리 시대가 예금시장에 재앙인 것은 맞다. 하지만 아무도 초저금리가 가져온 재테크 시장의 기회에 대해서는 생각하지 않는다.

초저금리로 인해 대출금리가 낮아지면 대출이자가 줄어든다. 따라서 대출을 활용한 투자 위험을 크게 줄여준다. 투자시장에는 파란 신호등이 켜진 것이다. 주식시장의 큰 장은 저금리로 인해 풍부해진 유동성이 금융시장에서 이탈해 주식시장으로 몰릴 때 선다는 점을 명심하기 바란다.

부동산 시장이 들썩이는 이유도 마찬가지다. 2019년 10월 16일 한국은행이 기준금리를 1.5%에서 1.25%로 인하하여 시장의 돈들이 다시 부동산으로 몰리고 있다.

유동성(Liquidity, 流動性)
'유동성'이란 기업, 금융기관 등 경제주체의 자산을 현금으로 바꿀 수 있는 능력을 말한다.
쉽게 말해, 현금으로 바꿔 쓸만한 재산을 얼마나 갖고 있는가를 의미한다.

나는 대중을 상대로 하는 강의에서 "금리와 유동성이 자산 가치를 춤추게 한다."라고 말한다. 2018년 8월 7일 종합주가지수가 연중 최저가를 기록하던 때조차 "두려워하지 않아도 된다. 지금은 손절매를 할 때가 아니다. 오히려 우량주를 싸게 매입할 기회다."라고 말했다. 주식시장은 유동성이 금융시장에서 이탈해 주식시장으로 몰려드는 유동 장세(금융 장세) 시기에 크게 오르기 때문이다.

물론 내 주장이 소수의견이라는 것을 잘 알고 있었다. 그러나 결과는 어떠했는가? 폭락하여 1900선까지 밀렸던 주가가 2170대까지 반등하지 않았는가? 내가 이렇게 장담했던 이유는 기본적으로 주가는 경기 흐름이나 개별기업의 경영성과에 영향을 받지만, 저금리로 인해 풍부해진 유동성이 단기적으로 주가를 끌어 올리는 사례를 많이 봐왔기 때문이다.

한국경제를 좋다고 말하는 사람은 거의 없다. 거시경제 지표에 빨간 등이 켜졌으니 당연하다. 그러나 경기지표와 재테크는 반대 방향으로 진행되는 경우가 많다.

서울 아파트가 대표적이다. 사람들은 서울 아파트 가격이 너무 많이 올랐다고 한다. 고령화와 내수경기 침체로 서울 아파트는 당분간 오르지 못할 것이라고 한다. 하지만 금리가 내리면서 서울 반포, 잠원의 중소형 아파트는 오히려 신고가를 쓰고 있다. 또한 전셋값마저 오르고 있다.

부동산에 관심이 없는 사람들은 이게 무슨 소리냐고 할지도 모르겠다. 하지만 이것은 아무도 부인할 수 없는 팩트다. 이처럼 투자시장은 저금리 유동성이 마술을 부려 경기지표와 관계없는 모습을 보인다.

지금 이 순간 여러분은 과연 어느 포지션에서 투자할 것인가? 경제학 교과서 이론대로 대응할 것인가? 언론의 호들갑을 믿을 것인가? 아니면 시장의 유동성을 믿을 것인가?

나는 여러분이 지금 상황을 부정적으로 생각하지 않았으면 좋겠다. 투자를 포기하지 않기를 바란다. 투자를 포기하면 여러분은 또다시 시장에 뒤처진다고 장담한다.

경제 문제는 복잡하다고 생각하면 복잡하고, 단순하다고 생각하면 단순하다. 경제는 시장의 주체인 인간의 심리적 요인에 영향을 받고, 인간의 탐욕과 공포가 시장가격을 결정하기 때문이다.

지금 시장은 변화무쌍하고 변덕이 심하지만 시장의 변덕을 기회로 활용할 때다.

제2장

경제 흐름을 읽으면 돈이 보인다

2020년 자산 버블의 시대가 온다

경제 흐름에 관심을 가져본 적이 있는가? 아마 대부분 관심이 없었을 것이다. 먹고사는 데 문제가 없고 재테크에 관심이 없었기 때문일 것이다. 그런데 재테크를 하겠다면 반드시 경제 흐름을 알아야 한다. 경제 흐름도 모르고 재테크로 성공한다는 것은 애초부터 말이 되지 않는다. 재테크는 경제 흐름의 영향을 받기 때문이다.

경제 흐름을 보자. 2019년 10월 16일 한국은행이 기준금리를 1.25%로 인하했다. 저금리 시대를 넘어 초저금리 시대가 도래했다. 시장 참여자 모두 앞으로의 경제 흐름을 불안하게 바라보고 있다.

2018년 이후 미중 무역전쟁이 본격화되고 있다. 미국이 먼저 중국 상품에 관세를 부과하고, 중국은 이에 질세라 보복 관세를 부과한다. 세계경제는 그 충격 여파에 아직도 시달리고 있다. 우리나라는 이번 무역전쟁으로 중국 수출액이 20%나 줄어들었다. 국가적으로 큰 손실이다. 우리나라 전체 교역량의 25%가 중국과의 거래이기 때문이다.

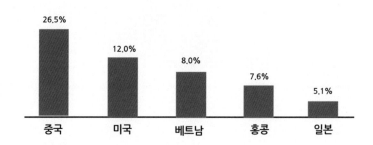

반도체 산업은 우리나라 수출 총량의 17%나 차지한다. 그런데 일본이 반도체 산업의 주요 소재 화이트 리스트에서 우리나라를 제외하면서 한일 갈등도 일어났다. 전국적으로 일본 제품 불매운동도 일어나고, 한일 무역전쟁으로 확대되고 있다.

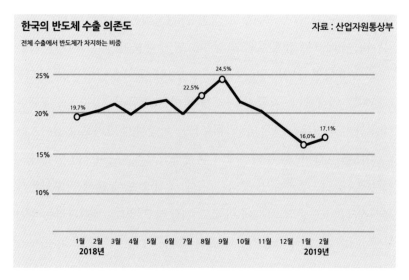

한국경제는 이렇게 악재가 숲을 이루고 있다. 그럼에도 나는 "2020년에 자산 버블 시대가 온다."라고 말해 왔다. 이렇게 경제가 어려운데 자산 버블 시대가 온다고 하니 이 말을 의심하는 사람도 많을 것이다. 나도 이 점을 잘 알고 있다. 내 생각이 소수의견이라는 것도 인정한다.

2008년 금융위기 이후 선진국들은 자국 경제를 살리기 위해 양적완화와 극단적인 마이너스 금리정책을 펴고 있다. 여전히 세계경제는 불황의 터널에서 빠져나오지 못하고 있다. 이처럼 세계경제가 어려워도 저금리로 인해 풍부해진 유동성이 자산 버블을 만들어 가고 있다.

"2020년 자산 버블의 시대가 온다."라는 주장도 이 흐름의 연장선에서 말하는 것이다. 현재 한국 자본시장은 저금리와 풍부해진 유동성이 자산 가격을 끌어올리는 전형적인 유동 장세가 시작되는 시점에 있다.

물론 내 생각과 다르게 시장 상황이 흘러갈 수도 있다. 그러나 내 말이 소수의견일지라도 흘려듣지 않았으면 좋겠다. 투자는 편향되지 않은 관점으로 냉정하게 시장을 바라보고 다양한 의견을 듣고 종합하여 결정하는 것이 좋기 때문이다.

우리는 수많은 변수를 따지고 수학과 통계를 이용해 경제를 분석하는 사람이 아니다. 그저 경제 흐름을 이용해 개인의 재테크를 하는 사람이다. 우리의 목적은 단지 더 나은 삶을 위한 재테크다.

따라서 우리가 굳이 복잡한 경제를 분석할 필요는 없다. 경제분석은 사실 우리 능력 밖의 일이기도 하다. 경제학 이론만으로 시시각각으로 변하는 복잡한 경제 흐름을 분석하고 예측할 수 없기 때문이다.

자, 지금 당신에게 5천만 원의 여유자금이 있다고 하자. 이 돈으로 어디에 투자하겠는가? 은행예금? 적금? 재테크 공부를 했다면 절대로 이런 선택을 하지 않을 것이다. 매년 물가 상승률을 고려하면 예금으로는 절대 돈을 불릴 수 없기 때문이다.

지금과 같은 저금리 유동 장세에서는 금융권에서 이탈한 자금이 주식시장이나 부동산시장으로 몰린다. 주식이 급등하고 부동산시장이 들썩들썩한다. 즉 경제 펀더멘털과 상관없이 주식과 부동산이 크게 오른다. 쉽게 말하면 저금리로 갈 곳을 잃은 돈이 주식시장과 부동산시장에 몰릴 때 투자시장의 큰 장이 선다. 지금 시장의 모습은 유동성이 자산 가격을 올리는 전형적인 유동 장세다.

이런 시장 흐름을 감지한 발 빠른 사람들은 남보다 한 걸음 앞서 움직이고 있다. 이들의 움직임이 당신 눈에 보인다면 더 늦기 전에 투자에 나서라. 투자는 우량 물건이 저평가되었을 때 해야 한다. 투자는 상품을 사는 것이 아니라 시간을 사는 것이기 때문이다.

2008년 금융위기를 떠올려 봐라. 당시 금리와 환율이 폭등하고 우량 부동산과 주식은 폭락했었다. 모두가 공포에 떨고 있을 때 용기 있는 사람은 삼성전자 주식을 1만 원 이하에 살 수 있었다(편의상 삼성전자 주식을 1/50로 액면분할한 가격으로 설명했다).

2019년 11월 5일 현재 삼성전자 주가는 52,700원이다. 시간을 사고 기다리기만 했다면 5배 이상의 이익을 얻었을 것이다. 이처럼 재테크는 경제 흐름과 반대 방향으로 진행되는 사례가 많다.

위기(危機)라는 단어에는 위험(危險)과 기회(機會)라는 뜻이 함께 들어있다는 사실을 아는가? 현재 저금리로 인해 대출금리도 낮으므로 대출 레버리지에 대한 위험성이 크게 줄었다. 이러한 경제 흐름에

삼성전자 월간 차트

서 부자가 되려면, 어느 포지션에서 시장을 바라보고 투자할 것인가?
선택은 여러분에게 달렸다.

정부의 규제는 시장을 이길 수 없다

정부의 정책이 자산시장에 절대적으로 영향을 미친다고 생각하는가? 그렇다면 2000년대 초중반 세계의 버블 경제 시기에 한국 부동산이 미친듯이 오르던 때를 떠올릴 필요가 있다. 당시 노무현 정부는 임기 내내 강력하게 부동산을 규제했지만 결국 부동산을 잡지 못했다.

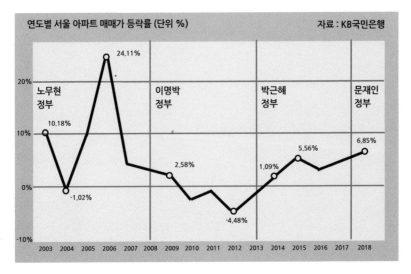

연도별 서울 아파트 매매가 등락률 (단위 %)   자료 : KB국민은행

급등하던 부동산은 노무현 정부 임기가 끝나고 2008년 미국의 금융위기가 발생하면서 막을 내렸다. 정부가 아무리 부동산 규제정책으로 일관해도 시장 생태계의 자연스러운 변화가 만들어 내는 부동산 상승을 막을 수는 없었다.

2014년에 시작된 서울 부동산 상승장을 떠올려 보자. 서울 아파트 가격이 요동치자 사람들은 "최경환의 부동산 규제완화 정책이 부동산 가격을 올렸다."고 말했다. 실제로 최경환 부총리는 "빚내서 집 사라."고 말하기도 했다.

정말 최경환 경제부총리의 부동산 정책이 집값을 올렸다고 생각하는가? 당시는 2008년 금융위기 이후 세계의 선진국들이 자국의 경제를 활성화하기 위해 통화량을 늘리는 양적완화 정책을 펼칠 때였다. 당시 서울 집값은 이명박 정부의 부동산 규제완화 정책이 아니라 세계적인 저금리와 유동성의 확대에 힘입어 오른 것이다.

2017년 문재인 정부가 들어서면서 다시 부동산 규제의 칼을 뽑았다. 그러나 결과는 어떤가? 서울 아파트는 정부의 강력한 규제에도 불구하고 미친듯이 올랐다. 이렇듯 정부의 부동산 정책이 부동산 가격을 올렸다는 논리는 일부는 맞지만 큰 관점에서는 맞지 않는다.

필자가 소위 신 강남벨트 지역이라고 말하는 지역이 있다. 수서 역세권, 내곡동, 자곡동, 세곡동, 위례신도시 등이다. 이 지역 아파트는 이 기간에 2배 이상 오른 곳이 많다. 특히 세곡동 한양 수자인 34평 아파트는 2015년에 5억 5천만 원에 호가가 형성되던 곳이다. 2019년 11월 2배 넘게 오른 13억 5,000만 원 수준에 거래되고 있다.

어디 이곳뿐이랴. 전통적인 아파트 강세지역인 강남의 잠원지구 신축 20평대 아파트는 30억 원을 호가한다. 반포지구도 잠원지구와 같은 가격 흐름을 보인다. 만약 문재인 정부의 규제정책이 부동산 시장에 먹혔다면 이렇게 미친듯이 오르지는 않았을 것이다.

투자에 정부 정책이 중요하지는 않다. 단지 투자금 대비 수익성이 높으면 투자할 뿐이다. 정부의 규제정책이 부동산 가격을 떨어뜨린다는 논리는 틀렸다. 시장의 속성을 모르고 말하는 것이다.

규제정책은 시장의 절대적 힘을 이길 수 없다. 국토교통부 장관이 아무리 핀셋 규제를 해도 그때마다 규제에 대응하는 투자법이 만들어진다. 그렇게 정부의 규제정책은 무력화되어 왔던 것이다. 정부의 강력한 규제에도 불구하고 국내 주택가격은 최근 가파르게 올랐다.

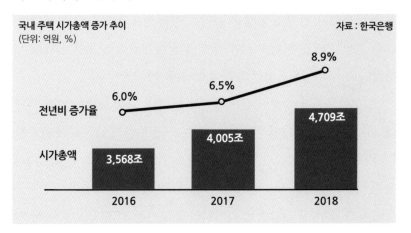

국내 주택 시가총액 증가 추이
(단위: 억원, %)
자료 : 한국은행

전년비 증가율
6.0%
6.5%
8.9%

시가총액
3,568조
4,005조
4,709조

2016
2017
2018

재테크로 부자가 되고 싶은가? 그렇다면 정부의 규제정책을 믿지 말고 시장주의자가 돼라. 시장주의자의 원칙은 간단하다. 앞서 말했듯 투자금 대비 수익성이 담보되면 투자하는 것이다. 당신이 정부의 규제정책을 원망하는 이 순간에도 선수들은 상품의 가치에 비해 저평가된 지역의 부동산을 찾아 투자하고 있다.

나는 평생을 시장주의자로 살아온 사람이다. 시장 생태계에서 금리와 유동성 이상으로 자산의 가치에 영향을 미치는 변수는 없다고 생각하면서 살아왔다. 그런데 이렇게 낮은 금리는 난생처음 본다. 이런 초저금리 시대에 어디에 투자하겠는가? 이 질문에 답이 다 나와 있다. 이제 실천하는 일만 남았다.

서울 아파트 지금 사도 될까요?

2014년에서 2019년까지 서울 아파트 가격이 미친듯이 오른 것은 모두가 안다. 그런데, 2019년 11월 현재 서울 아파트는 상승 랠리의 피로감에도 불구하고 계속해서 신고가를 다시 쓰고 있다. 이것이 무엇을 뜻하는가?

저금리로 풍부해진 시장의 유동성이 금융권에서 이탈해, 부동산 상품 중 가장 환금성이 높은 서울 중소형 아파트에 몰리고 있다는 뜻이다.

필자가 활동하는 텐인텐 카페의 독자들은 이렇게 묻는다.

"서울 아파트에 투자하고 싶어요. 그런데 그동안 너무 많이 올랐어요. 3년이나 4년 정도 후에 떨어지면 투자할까 하는데요. 제 판단이 맞는 걸까요?"

필자는 이렇게 답한다.

"3년, 4년 후에 마음에 두고 있던 서울 아파트를 살 수 있을까요? 아마도 그때는 당신이 예상하는 가격 이상으로 올라 있을 겁니다. 그때는 서울 아파트를 사려는 의지를 접어야 할 가능성이 큽니다."

투자 상품에 적정한 가격은 없다. 완벽한 타이밍에 살 수도 없다. 투자 상품에 버블이 존재하는 것은 당연하다. 투자는 상품을 사는 것이 아니라 시간을 사는 것임을 잊지 말자.

소득주도성장과 재테크

2019년 8월 7일 종합주가지수 종가가 1909.71포인트까지 밀렸다. 시장에서는 문재인 정부의 경제정책이 실패한 결과라면서 그 중심에 문재인 정부 경제정책의 핵심인 '소득주도성장'이 있다고 말한다.

소득주도성장 정책은 쉽게 말하면 임금주도성장 정책이다. 우리나라는 고도 성장기를 지나 성장 동력이 줄어들며 경제 활력이 떨어지고 있다. 소득주도성장 정책은 최저임금을 올려 사회적 약자들 소득을 올리고, 이 돈을 소비하게 하여 내수경제를 진작시키고 계층 간 소득 차를 줄이자는 정책이다. 후기 케인지언(Keynesian; 케인스 경제학도)들이 주장하는 이론이다.

그런데 단지 소득주도성장 정책 때문에 주가가 내리고 경제가 어려운 것일까? 그렇지 않다. 2019년 8월 7일의 주가폭락은 미중 무역전쟁이 격화되면서 발생하였다. 미중 무역전쟁으로 중국과 밀접한 관련을 맺고 있는 우리 기업들의 수익성이 단기적으로 크게 나빠졌고, 이로 인해 주식시장이 크게 하락하였던 것이다. 즉 미중 무역전쟁이 주식시장 하락에 더 큰 영향을 미쳤다고 볼 수 있다.

우리 경제에서 수출이 차지하는 비중은 40% 수준이다. 대외 경제 흐름에 취약할 수밖에 없다. 좋든 싫든 우리나라는 이미 세계화된 글로벌 경제와 깊게 얽혀 있다. 따라서 미중 무역전쟁의 여파로 가장 큰 피해를 볼 수밖에 없다.

G20 수출 의존도 순위　　　　　　　　　　자료 : 한국무역협회, 통계청

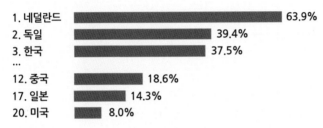

미국을 포함한 세계 선진국들은 어떤가? 2008년 금융위기 이후 지금까지 10년 넘게 자국 경제를 살린다며 지속해서 양적완화와 극단적인 마이너스 금리정책을 펴고 있다. 이는 금융위기 이후 지금까지 세계경제가 불황이라는 뜻이다. 이런 거대한 흐름에 한국경제도 포함되어 있으니 우리나라의 거시경제 지표가 나쁜 것은 당연하다.

지금과 같은 상황에서 시장 예측은 별 의미가 없게 되었다. 경제학의 한 획을 그었던 유명 경제학자들도 아마 내 생각에 동의할 것이다. 경제학이 현재의 경제 흐름과 미래의 경제 흐름을 예측할 수 있다면 우리가 이렇게 불확실한 세상에 살고 있진 않을 것이다.

최근 시장에 발표되는 보고서들은 재테크 시장 전망을 좋지 않게

보고 있다. 그럴 수밖에 없다. 시장 전망 보고서는 보고서를 작성할 시점의 경제지표를 참고하기 때문이다. 원래 시장이 안 좋을 때는 항상 부정적인 보고서만 나온다. 그러나 시장은 항상 변화하고 움직인다. 투자는 현재가 아닌 미래를 보고 한다는 점을 기억하자.

우리는 경제 흐름을 이용해 재테크를 하여 경제적 자유를 꿈꾸는 사람일 뿐이다. 경제적 자유를 꿈꾼다면 절대로 잊지 말아야 할 것이 있다. 바로 "시장을 변화시키고 상품의 가격을 결정하는 것은 정부의 정책이 아니라 시장 그 자체다."라는 사실이다.

실질금리가 1%도 안 되는 상황에서 그 많은 시장의 유동성이 어디로 가겠는가? 정부를 비난하지 말고 정부의 눈치도 보지 마라. 시장 흐름을 읽어라!

박원순의 강북 개발 프로젝트와 서울 아파트의 미래

박원순 시장은 2018년 7월 서울 강북 삼양동에 자신의 거처를 마련하면서 소위 '강북 개발 프로젝트'를 발표했다. 강북 개발 프로젝트는 서울 강북 지역을 본격적으로 개발하여 강남과 강북의 지역 편차를 줄이겠다는 것이다.

프로젝트가 발표되자 서울 여의도, 용산 등의 핵심지역은 물론이고 서울 강북의 부동산마저 가격이 뛰기 시작했다. 이에 당황한 정부는 강북 개발은 정부 정책에 반하는 것이라고 지적하였다. 박원순 시장은 현 정부 지지자들에게도 맹비난을 받고 여론의 뭇매도 맞았다. 이에 박원순 시장은 강북 개발 프로젝트를 유보한다고 발표하였다.

사실상 박원순 시장은 본격적인 대권 행보를 시작했다. 그래서 강북 개발 프로젝트는 그 의도를 의심받고 있다. 사람들은 박원순 시장을 대통령에 대한 집착이 강한 사람으로 본다. 내가 보기에도 대통령병에 단단히 걸린 것이 맞다.

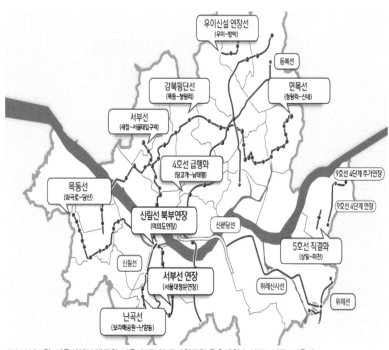

〈2019년 2월, 서울시에서 발표한 서울시 제2차 도시철도망 구축계획 노선도〉 자료: 서울시

어쨌든 박원순 시장이 강북 개발 프로젝트를 접은 것은 아니다. 정치적 공세를 피하려고 잠시 수면 밑으로 내려가 있을 뿐이다. 정치 지형이 바뀌면 언제든 다시 수면 위로 올라올 것이다. 강북 개발 프로젝트는 강북 부동산 시장에 언제든 긍정적 요인으로 떠오를 수 있다. 강북 지역을 개발하면 도시 인프라가 확충되고 일자리가 생기고 사람들이 모이면서 부동산 가치가 오를 것이다.

나는 "서울은 호재가 아닌 지역이 없다."라는 말을 자주 해왔다. 결국 서울은 전 지역이 호재다. 다만 입지에 따라서 부동산 가격이 많이 오르는 지역과 조금 덜 오르는 지역으로 나뉠 뿐이다. 강북은 강남과 비교해 저평가되어 있으며 뜨거운 지역이 맞다.

강북에서 시장의 관심을 크게 받는 곳은 용산구 동부이촌동, 영등포구 여의도동, 성수지구, 마포 상수동, 신수동, 용강동 등이다. 이 지역은 한강 조망권이 확보되는 곳으로 아파트 시세도 강남 수준에 근접해 있다.

강북에서 저평가 지역으로 꼽는 곳은 노도강(노원구, 도봉구, 강북구를 합쳐 부르는 줄임말) 지역이다. 이 지역도 입지에 따라 부동산 가격 차이가 나는 편이다. 노도강에서는 노원구 중계동의 중소형 아파트의 가격 상승세가 두드려져 보인다.

서울 아파트는 오르는 지역이 더 많이 오른다. 부동산 시장의 양극화가 현저하게 진행 중이기 때문이다. 따라서 시세가 다소 높아도 핵심지역에 투자하는 것이 현명하다.

노파심에 부연하자면 무조건 서울 강남에 투자하라는 것이 아니다. 서울에는 25개 구가 있고 각 구에서 핵심지역을 고르면 된다. 예를 들면 노원구에서는 상계동과 중계동이 핵심지역이고 도봉구에서는 창동이 핵심지역이다.

앞서 언급했듯이 지금은 저금리와 유동성이 자산 가치를 끌어올리는 전형적인 유동 장세다. 이 기회를 잘 활용해 월급쟁이 부자가 되기 바란다.

양극화의 늪에 빠진 재테크 시장

현재 한국 자산시장을 한마디로 정리하면 '양극화'다. 이 단어가 모든 경제 현상을 설명해 준다. 2014년~2019년 서울 아파트가 미친 듯이 오른 것을 모두 생생히 기억할 것이다. 그러나 지방의 일부 도시를 제외하고 중소도시의 아파트가 오른 곳이 있었는가? 오르기는커녕 떨어진 곳이 더 많다.

한국 부동산 시장은 인구감소와 고령화로 침체될 것이라고 보는 사람이 많다. 대단히 이성적인 판단이다. 그러나 인구감소에도 불구하고 수도권 지역으로의 인구 유입은 증가하고 있다. 따라서 수도권과 지방 부동산의 양극화는 더 커질 것이다. 즉 인구의 비대칭성이 부동산 양극화의 바람을 몰고 오는 것이다.

서울 전체가 호재라는 말이 무색하게 서울 아파트라도 지역에 따른 가격 차이는 더 심해지고 있다. 서울의 대표적 랜드마크 지역인 반포, 잠원, 잠실 등은 놀라운 가격 상승세를 보여 왔다. 반면 강북 노원구,

도봉구, 강북구 지역 아파트는 상대적으로 적게 올랐다.

경기도는 같은 지역 내에서도 생활 인프라, 교통 여건, 서울 접근성에 따라 가격 차이가 더 벌어지고 있다. 예전에는 부동산 상승장일 때 같은 지역의 아파트는 동반 상승하는 것이 보편적이었지만 이제는 이런 흐름도 사실상 많이 약해졌다.

부동산뿐만이 아니다. 주식시장도 양극화 현상이 커지고 있다. 투자자의 관심이 큰 바이오 섹터도 대장주인 셀트리온과 그 외의 종목 간에는 넘사벽(넘을 수 없는 4차원의 벽)의 차이가 존재한다.

이러한 시장의 변화는 일종의 패러다임으로 굳어졌다. 결국 시대 흐름에 맞게 변화하지 않으면 시장에서 도태된다. 여러분은 이 흐름에 어떻게 대응할 것인가? 여러분의 깊은 성찰이 필요한 때다.

최근 다시 수익성 부동산 바람이 불고 있다. 투자 상품에는 절대적 가치가 존재하지 않기 때문이다. 즉 투자 상품은 돌고 돈다. 우리는 투자의 3요소인 안정성, 수익성, 환금성을 기준으로 투자상품을 따져 보고 비교우위에 있으면 투자하면 된다.

현재는 극단적인 초저금리 시대다. 이런 상황에서 은행예금이나 적금은 투자 가치가 없다. 이제는 이 사실을 모두 알고 있을 것이다. 반면에 수익성 부동산은 그동안 공급물량의 증가로 수익성이 떨어지기는 했으나, 계속되는 저금리로 경제적 가치가 조금씩 높아지고 있다.

이런 면에서 최근 급증하고 있는 1인 가구를 대상으로 하는 상품(오피스텔, 다가구주택, 셰어하우스 등)은 나름대로 투자 가치가 있다. 돈이 적은 사람도 쉽게 투자할 수 있고, 예금이자보다 최소 5배에서 많게 10배의 수익을 올릴 수 있기 때문이다.

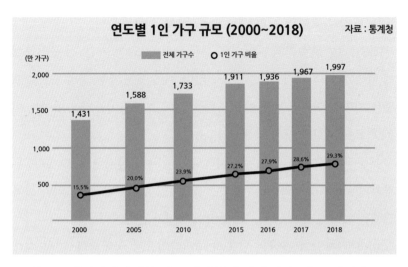

연도별 1인 가구 규모 (2000~2018)

자료 : 통계청

(만 가구)

전체 가구수　○ 1인 가구 비율

연도	전체 가구수	1인 가구 비율
2000	1,431	15.5%
2005	1,588	20.0%
2010	1,733	23.9%
2015	1,911	27.2%
2016	1,936	27.9%
2017	1,967	28.6%
2018	1,997	29.3%

　최근 주택임대사업자를 내는 사람들이 가장 많은 것도 이러한 흐름을 반영하는 것이다. 저금리 시대의 낮은 금리는 대출이자 부담을 크게 줄여준다. 투자 위험이 크게 줄어드니 재테크에 최고의 환경이다

　단 오랫동안 안정적으로 월세를 받을 수 있는 곳을 골라야 한다. 예를 들어 대학교 근처는 좋은 점도 있지만 위험성도 공존한다. 대학교가 다른 곳으로 이전하여 문제가 되기도 하고, 학교 안에 기숙사를 대규모로 지어 인근 원룸이 초토화된 사례도 있다. 그러므로 주변 환경의 영향을 많이 받는지, 경쟁력 있는 입지인지, 오랫동안 안정적으로 임대를 놓을 수 있는지 등을 잘 따져서 투자해야 한다.

　시장 진입 문턱이 높은 상가는 특히 주의해야 한다. 시대적 상황, 지역적 상황, 입지, 교통 변화에 따라 경제적 가치가 크게 달라지기 때문이다. 신도시 상가에 투자하여 큰 손실을 본 사례를 많이 보지 않았는가? 인프라와 상권이 형성되지 않은 신도시 상가는 위험성이 크다는 사실을 잊지 말자.

투자시장은 늘 돌고 돈다. 시장의 과거와 현재를 잘 읽고 미래 인구 변화와 트렌드를 고민하면 답을 찾을 수 있을 것이다. 내가 볼 때 첫 번째 힌트는 '1인 가구의 증가'이고 두 번째 힌트는 '양극화'라고 생각한다. 당신이 투자하려는 상품은 현재 시장의 흐름에 잘 맞는지 꼼꼼하게 따져 보기 바란다.

양적완화 정책과 재테크

최근 몇 년간 경제 기사에 가장 많이 나온 단어 중 하나는 '양적완화'다. 양적완화는 기존 경제학 교과서에는 없는 경제 용어로, 정부가 중앙은행을 대신해 직접 시장에 개입해 국채를 매입하여 통화를 늘리는 정책이다. 쉽게 말하면 자국 경제를 살리기 위한 인위적인 통화 경제정책이다.

양적완화를 처음 추진한 나라는 미국이다. 2008년 금융위기가 발생하면서 미국은 경제를 살리기 위해 양적완화라는 통화정책을 들고 나왔다. 당시 연준 의장인 벤 버냉키는 기준금리를 낮추고 통화를 무제한으로 풀었다. 당시 사람들은 '헬리콥터에서 돈을 뿌리는 식'이라고 비아냥대면서 '헬리콥터 벤'이라 부르기도 했다.

양적완화 정책은 미국 달러화의 가치를 떨어뜨린다. 미국 달러화의 가치가 떨어지면 미국 상품의 수출 경쟁력이 높아진다. 결과적으로 미국경제가 호전되는 효과를 가져온다. 이는 자국의 이익을 위해 다른 나라를 가난하게 만드는 이기주의적 발상에서 비롯된 경제정책이다.

미국의 양적완화 정책이 효과를 나타내면서 이를 지켜보던 다른 선진국들도 뒤따라 양적완화 정책을 펼치고 있다. 일본이 지금 펼치고 있는 '아베노믹스'도 넓은 의미의 양적완화 정책이다.

이처럼 전세계 통화량의 증가로 유동성이 풍부해지면서 거시경제 지표와 무관하게 세계 자산시장은 돈 풍년을 맞았다. 양적완화 정책에 힘입어 미국경제가 호전되기 시작하면서 미국은 2014년 이후 테이퍼링(tapering, 양적완화축소) 정책으로 선회하기 시작하였다.

> **테이퍼링 (tapering)**
> 경기 침체기에 경기 회복을 위하여 썼던 각종 완화 정책과 과잉 공급된 유동성을 경제에 큰 부작용이 생기지 않도록 서서히 거두어들이는 전략을 말한다.

그러나 미중 무역전쟁이 시작되면서 양적완화 정책을 지지하는 미국 연준 내의 비둘기파의 입김이 살아났다. 이에 미국은 다시 통화량을 확대하는 양적완화 정책을 추구하고 있다.

특히 미국 대통령 트럼프는 미국경제 살리기에 올인하는 사람이다. 이 가치에 반대하는 사람에게는 어떠한 자비심도 없다. 맹렬하게 비난한다. 심지어 트럼프는 그의 금리정책에 반하여 금리인상을 주저하는 연준 의장 제롬 파월을 향해 "중국과 똑같은 미국의 적"이라고까지 표현할 정도다.

미중 무역전쟁이 점점 미궁으로 빠져들면서 미국경제는 혼란에 혼란을 더해가고 있다. 연준 의장 제롬 파월이 트럼프의 금리인하 요구를 거부하며 버티고 있지만 오래가지는 못할 것으로 본다. 따라서 결국 제롬 파월은 금리를 인하하는 방향으로 갈 것이다.

2019년 12월 14일 현재 미국 연준의 기준금리는 1.50%~1.75% 구간에 있으며, 이는 한국은행 기준금리 1.25%와 비교하여 0.25%~0.50% 높다. 미중 무역전쟁은 1단계 협약을 마쳤고, 앞으로 미국 연준의 금리정책은 미중 간의 추가 협상 과정에서 방향이 정해질 가능성이 높다.

이런 흐름이 미국에서만 감지되는 것이 아니다. 미중 무역전쟁 여파로 경제침체를 겪고 있는 대부분의 선진국에서 벌어지고 있다. 일본은 이미 오래전부터 극단적인 마이너스 금리 정책과 통화 확대 정책을 펼쳐 왔다. 캐나다와 유로존 국가들 역시 이 흐름에 동참하고 있다.

여기서 우리가 중요하게 볼 것은 무엇인가? 이렇게 주요 선진국 모두가 통화확대 정책인 양적완화 정책을 추진하는 과정에서 세계경제는 저금리와 유동성 확대라는 방향으로 간다는 것이다. 즉 세계경제는 전반적인 디플레이션이 우려되고 있지만, 양적완화의 효과로 세계 자본시장에는 버블이 발생한다는 것이다.

세계 12대 경제 대국인 우리나라도 이 흐름을 비켜 갈 수는 없다. 지금 한국 자본시장도 초저금리로 인한 유동성 확대 현상이 벌어지고 있다. 사람들이 잘 모르고 있을 뿐이다.

필자의 결론은 다음과 같다.

"시장의 자산가치는 경제의 펀더멘털보다 시장금리, 유동성에 의해 결정된다. 미국을 포함한 선진국들이 양적완화 정책을 지속하는 한 저금리 유동 장세는 계속될 것이다. 따라서 불황에도 불구하고 재테크 시장에 호재로 작용할 것이다."

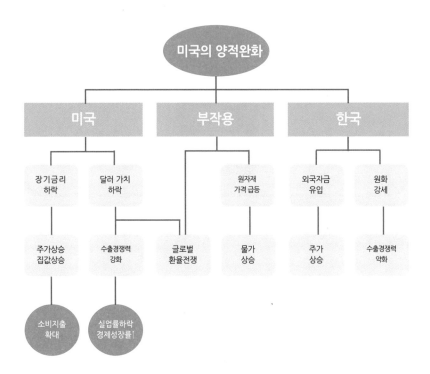

무역전쟁이라고 쓰고, 환율전쟁이라고 읽는다

미중 무역전쟁으로 세계경제는 혼돈에 빠져 있다. 이런 상황에서 선진국들은 자국 경제를 보호하기 위해 고환율, 저금리 정책을 펴고 있다. 이 흐름의 연장선에서 우리나라의 원/달러 환율이 급등하고 있다.

환율의 급등은 무엇을 뜻할까? 환율이 오른 만큼 우리나라 경제의 체력이 떨어진다는 것을 의미한다. 쉽게 말하면 지금 한국경제는 감기에 걸렸다. 그렇다면 한국경제는 지금 위기일까?

그렇지 않다. 우리가 감기에 걸려 기침한다고 바로 폐렴이 되진 않는다. 시간이 지나면 자연스럽게 감기가 치유되듯이 우리 경제도 그렇게 흘러갈 것이다. 환율이 단기간에 급등했다고 한국경제가 구조적으로 문제가 있는 것처럼 생각하지는 말자.

2019년 상반기에 환율이 급등하면서 외화예금을 찾는 사람이 늘어났다. 해외주식에 투자하는 사람도 크게 늘었다. 앞서 말했듯이 환율 인상은 우리 경제가 감기에 걸린 것이지 심각한 폐렴에 걸린 것은 아니다. 이런 시기에 외화예금이나 해외주식 투자는 신중해야 한다. 환율 변동으로 발생하는 환위험(換危險, exchange risk)이 높기 때문이다.

물론 해외주식이 오르고 여기에 환율마저 오르면 큰 수익이 날 수도 있다. 하지만, 개인은 환율 변동 위험을 감당하기 어려우니 해외주식 투자는 신중해야 한다.

예를 들어 지금 원/달러 환율이 1,200원이다. 한화 1,200만 원을 달러로 바꾸면 1만 달러다. 1만 달러로 해외주식을 샀다. 주가가 올라 1만 1천 달러가 되었다. 주식을 팔면 수익이지만 원화로 바꾸어야 수익이 확정된다.

그런데 원화로 바꿀 때 원/달러 환율이 떨어져 1,080원이라면 어떻게 될까? 수익은커녕 손실이 난다(11,000달러 * 1,080원 = 1,188만 원). 여기에 주식 관련 수수료, 주식 양도세, 환전 수수료 등을 고려하면 손실이 더 커진다. 이처럼 해외주식은 신경 써야 할 것이 많다. 절대 쉽게 생각하면 안 된다.

한국경제는 세계 경제와 밀접하게 연관되어 있어 대외 여건에 취약하다. 결국 원/달러 환율 급등은 외부적인 요인에서 발생하는 것이다. 지금 한국경제를 혼돈의 장으로 만든 것은 미중 무역전쟁이다. 미국이 중국상품에 관세를 부과하면 중국은 즉각 보복 관세를 부과한다. 사태가 해결될 기미는 안 보이고 점점 더 미궁으로 빠져들고 있다.

결국 미중 무역전쟁의 가장 큰 피해는 우리나라가 받는다. 우리 경제는 중국의 경제 상황에 크게 영향을 받기 때문이다. 우리나라는 중국에 중간재를 수출하고 중국은 완제품을 만들어 세계에 수출한다. 따라서 중국 경제가 안 좋으면 우리 경제도 나빠진다.

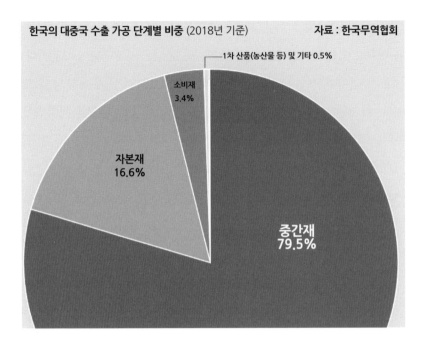

한국의 대중국 수출 가공 단계별 비중 (2018년 기준)　　　자료 : 한국무역협회

1차 산품(농산물 등) 및 기타 0.5%

소비재
3.4%

자본재
16.6%

중간재
79.5%

　　이번 미중 무역전쟁은 양국 간의 무역전쟁이다. 하지만 알고 보면 만성 재정 적자인 미국이 중국과의 무역에서 발생하는 적자를 줄이려고 위안화 절상을 요구하면서 발생한 것이다.

　　위안화가 절상되어 가치가 높아지면 어떤 일이 생길까? 중국은 미국에 수출할 때 더 비싸게 수출해야 한다. 쉬운 말로 중국 제품의 가격 경쟁력이 떨어진다. 따라서 미국은 무역적자를 줄일 수 있다.

　　미국의 재정적자는 미국인이 소득보다 높은 소비를 하고, 미국 제조업이 경쟁력을 잃었기 때문에 발생한다. 지금 미국의 손꼽히는 IT 기업들은 자국 공장에서 제품을 생산하지 않고 해외에서 아웃소싱으로 생산하는 경우가 많다. 예를 들어, 미국의 대표적 IT 기업인 애플은 대만 홍하이 그룹의 중국 내 현지 공장인 팍스콘에서 제품을 전량 생산한다.

미국이 재정적자 문제를 해결하려면 자국 기업을 혁신하고 국민 소비 행태를 바꿔야 한다. 그런데 상대국에 인위적인 환율 절상을 요구해 해결하려고 한다. 이것이 미중 무역전쟁의 근본적인 원인이다. 미국은 이를 쉽게 해결하기 위해 중국에 환율 절상을 요구하는 것이다. 흔히 미중 무역전쟁이라고 말하지만 사실은 환율전쟁이다.

이미 일본에도 비슷한 사례가 있었다. 미국은 80년대 중반 기업의 경쟁력이 독일과 일본에 뒤처지면서 막대한 무역적자가 발생하였다. 이에 미국은 플라자 협정으로 일본에 엔화 절상(엔화 가치 상승)을 요구하여 무역적자를 줄일 수 있었다. 플라자 협정으로 수출 경쟁력을 잃은 일본은 '잃어버린 20년'이 시작되었다.

플라자 협정(Plaza Accord, Plaza Agreement)
1985년 9월 22일 미국의 경상수지 적자 해결을 위해 G5(미국, 독일, 일본, 영국, 프랑스) 경제 대표가 모여 맺은 환율 조정 협정을 말한다. 이 협정으로 엔화 가치가 올라갔고 일본은 수출 경쟁력을 잃게 되었다.

일본 경제는 쑥대밭이 되었지만 미국은 재정적자를 줄이는 이득을 얻었다. 이것은 자국의 이익을 위해 상대방을 가난하게 하는 정책이다. 이렇게 재미를 본 미국은 중국에도 같은 요구를 하고 있다.

미국은 자유무역을 지향하는 WTO 체제를 주도한 국가다. 그럼에도 스스로 자유무역을 거스르며 모순적인 모습을 보이고 있다. 상대국에 인위적인 환율 절상을 요구해 무역적자를 줄이는 행동은 미국만이 할 수 있는 패권주의 경제정책이다.

WTO(World Trade Organization, 세계무역기구)
무역 자유화를 통한 전 세계적인 경제 발전을 목적으로 하는 국제기구로 1995년 1월 1일 정식으로 출범하였다. 한국은 1995년 1월 1일 WTO 출범과 함께 회원국으로 가입하였다.

필자와 다른 관점으로 미중 무역전쟁을 바라보는 사람도 있을 것이다. 미중 무역전쟁의 원인이 무엇이든 간에 미중 무역전쟁이 우리나라를 비롯해 세계경제를 혼란에 빠뜨리는 것만은 부인할 수 없는 사실이다.

아직도 끝나지 않은 금융위기

금융회사들이 고객 돈으로 장난친다는 얘기는 많이 들어봤을 것이다. 세계경제를 위기로 몰아넣은 2008년 금융위기도 금융회사들이 고객 돈으로 장난을 쳐서 발생했다.

미국 메가뱅크의 탐욕이 불러온 2008년 금융위기를 아직도 생생하게 기억한다. 당시 발생했던 금융위기는 정확하게 '서브프라임 모기지론 금융위기(subprime mortgage crisis)'라고 부른다.

당시 은행들은 신용이 낮은 사람들에게 주택을 담보로 잡고 주택 감정평가액 이상으로 마구 대출을 해주었다. 이것이 바로 서브프라임 모기지 론(subprime mortgage loan, 비우량 주택담보대출)이다.

은행들이 대출을 받은 사람에게 정상적으로 20~30년의 대출기간 동안 원금과 이자를 받았으면 별 문제가 없었을 것이다. 일부 저신용자가 대출을 갚지 못할 수도 있겠지만 최소한 금융위기가 오지는 않았을 것이다.

그런데 탐욕스러운 은행은 페이퍼 컴퍼니(SPC, 특수목적법인)를 설립하고, 모기지(주택저당권)를 기초 자산으로 '주택담보 유동화 증권(MBS, Mortgage Backed Securities)'을 만들어 팔았다. 쉽게 말해 파생상품을 만들어 시장에 판 것이다.

은행은 이 파생상품을 팔아 대출 만기일 이전에 현금을 손에 쥘 수 있었다. 이런 식으로 저당권을 리볼빙(revolving, 회전)하는 과정에서 돈이 넘쳐나기 시작했다. 이렇게 유동성이 커지면서 자산 버블이 생겼고, 결국 거품이 꺼지면서 금융위기가 오게 되었다.

파생상품(派生商品, Derivatives)
파생상품은 기초자산의 가치 변동에 따라 가격이 결정되는 금융상품을 말한다. 기초자산에서 파생된 모든 금융상품을 파생상품이라고 할 수 있다. 주식시장의 선물과 옵션이 대표적인 파생상품이다.
파생상품의 종류는 많으며, 금융위기 때 KIKO(Knock-In Knock-Out) 상품이 사회문제가 된 적이 있다. KIKO는 환율이 일정한 범위에서 변동되면, 약정한 환율로 돈을 바꿀 수 있는 파생상품이다. 정해진 환율 범위를 벗어나면 큰 손실을 본다.
최근에는 DLF(Derivative Linked Fund, 파생결합펀드) 상품도 큰 문제가 되었다. 이 상품도 KIKO와 비슷한 구조로 설계한 상품이다. 기초자산인 주가지수가 일정 범위를 벗어나지 않으면 약정한 수익을 지급하고, 구간을 벗어나면 큰 손실을 본다.

당시 미국 메가뱅크에 의해서 발생한 금융위기로 우리 자본시장도 쑥대밭이 됐었다. 원/달러 환율의 급등, 금리의 폭등, 자산 가치의 급락으로 시장 참여자 모두 공황을 경험했다.

한편 이 시기에 유동성을 확보하고 있었던 사람들은 우량 회사채, 주식, 부동산을 헐값에 사들여 일생에 한 번 올까 말까 한 대박을 터트렸다. 그래서 재테크에서 위기는 투자의 기회라고 말하는 것이다.

그렇다면 이런 위기를 미리 막을 수는 없었을까? 평상시 미국 금융당국은 금융회사의 상품을 통제하고 감시하는 시스템을 완벽하게 구축하고 있다. 하지만 금융위기 당시 메가뱅크들이 만들어 유통한 파생상품, 소위 섀도우(shadow) 뱅킹 상품은 금융당국 통제망을 벗어나 있었다. 그렇다 보니 메가뱅크가 발행한 주택담보 유동화 증권(MBS, Mortgage Backed Securities)의 규모를 금융당국도 알 수 없었다. 이 때문에 걷잡을 수 없는 금융위기가 온 것이다.

현재는 섀도우 뱅킹을 파악하고 통제하는 시스템이 갖추어져 있다. 따라서 금융위기 당시와 같은 상황이 발생하기 어려워졌다. 하지만 금융자본의 기본적인 속성인 탐욕이 사라진 것은 아니다. 그들은 금융시장에 조금의 허점만 보여도 이빨을 드러낸다. 탐욕스러운 금융자본은 다양한 옵션을 가진 파생상품을 계속 만들어 시장에 출시할 것이고, 이 과정에서 금융위기는 다시 발생할 수 있다.

그러나 앞서 얘기했듯이 위기가 투자에 불리한 것은 아니다. 여유자금을 쥐고 있는 사람들에게는 헐값으로 우량자산을 살 수 있는 일생일대의 기회다. 실제로 IMF와 금융위기 때 대박을 터뜨린 사람을 많이 봤지 않은가?

나는 "개인의 투자 성과는 경제의 펀더멘털보다 금리, 유동성이 가장 큰 영향을 미친다."고 계속 말해왔다. 이 글을 쓰는 지금이 바로 그런 시기라고 생각한다. 우리나라 경제가 불황이라고 하지만 사상 초유의 저금리로 시장에 유동자금이 넘쳐난다.

시장금리가 낮으니 대출을 받아도 이자 부담도 적다. 갈 곳 없는 돈들이 자산시장으로 몰려올 것이다. 투자하기 좋은 최적의 환경이 조성되고 있다. 두려워하지 말고 적극적으로 투자할 때다.

초저금리 시대는 최고의 재테크 기회다

2019년 10월 7일 시장실세금리를 대표하는 국고채 3년물 금리는 1.23%이고, AAA등급의 회사채 3년물 금리는 1.74%이다.

국고채 3년물 금리는 기준금리의 선행지표다. 시장금리가 내려갔으니 한국은행 기준금리도 따라 내려간 것이다. 그럼에도 불구하고 한국은행 총재 이주열은 시장에 계속 금리인하 신호를 보내고 있다.

시장실세금리
금융시장 상황을 대표하는 금리로, 다른 말로 '시장금리'라고도 한다. 국고채 3년물이 대표적이다. 시장실세금리는 매일매일 자금시장의 수요와 공급에 따라 변한다.

한국은행 기준금리는 'RP 7일물'을 기준으로 결정된다. 한국은행의 기준금리 인하는 은행권의 여수신금리에 즉각적으로 영향을 미친다.

RP(repurchase agreement, 환매조건부 채권)
채권 발행자가 일정 기간 후에 금리를 더해 다시 사는 것을 조건으로 파는 채권을 말한다. '환매조건부 채권` 또는 `환매채'라고도 한다. 주로 금융기관이 보유한 국공채, 특수채, 우량채권 등을 담보로 발행한다. 환금성이 보장되며 경과 기간에 따른 확정이자를 받는다.

2019년 10월 16일 기준으로 한국은행 기준금리는 1.25%이다. 실질금리 0% 시대다. 이런 저금리에 은행에 예금하는 사람은 "나는 돈을 못 벌어도 좋으니, 은행원들의 배를 채워주겠다."는 자비심 넘치는 사람이다.

> **실질금리**
> 금융기관에서 제시하는 금리를 '표면금리'라고 하며, 표면금리에서 물가상승률을 뺀 금리를 '실질금리'라고 한다. 예를 들어, 은행에 1년간 돈을 맡기면 2% 이자를 준다고 한다. 이것은 표면금리다. 그런데 1년 후 물가가 2% 올랐다면, 실질금리는 0%다. 쉽게 말해, 내 돈은 한 푼도 불어나지 않은 것이다.

지금까지 30년의 사회생활을 해오면서 이렇게 낮은 금리는 처음 본다. 사회생활을 시작했던 1990년대 초 시장실세금리 지표인 AAA등급의 회사채 3년물의 금리는 15%였다.

현재와 비교해 10배 이상의 차이가 난다. 이런 상황에서 여전히 은행권의 예금, 적금 상품으로 재테크를 하고 싶은가? 그렇다면 당신은 시장의 흐름을 전혀 읽지 못하는 재알못(재테크를 알지 못하는 사람)이다.

미중 무역전쟁이 격화되면서 세계 경제가 흔들리고 있다. 당연히 우리나라의 거시경제 지표도 나날이 나빠지고 있다. 보고서에 따르면 미중 무역전쟁으로 세계의 교역량은 6%, GDP 총량은 1.4%가 줄어든다고 한다. 미중 무역전쟁으로 세계 경제에 적신호가 켜졌다.

우리나라는 미중 무역전쟁으로 가장 큰 피해를 보는 대표적인 국가다. 중국과의 무역액은 우리나라 전체 무역액의 25%에 이르기 때문이다. 미중 무역전쟁으로 우리나라의 중국 수출액이 20%나 감소하였고, 통계치가 말해주듯 우리 경제에도 적신호가 켜졌다.

그러나 나는 오히려 지금이 투자의 최적기가 될 수 있다고 본다. 물론 내 말에 동의하지 않는 사람도 많을 것이다. "저 사람 미친 거 아니냐?"라고 말하는 사람도 분명히 있을 것이다. 그러나 지금부터 내가 하는 말을 귀 기울여 들어보면 왜 이런 말을 하는지 이해할 것이다.

나는 실물경제의 펀더멘털이 좋지 않아도 저금리와 유동성이 투자자산을 춤추게 한다는 말을 일관되게 해왔다. 바로 지금이 그렇다. 미중 무역전쟁 때문에 선진국들의 경제가 위축되었고, 선진국들은 경제를 살리기 위해 '양적 완화' 정책을 확대하고 있다.

쉽게 말해, 전세계 선진국들은 통화량을 크게 늘리고 마이너스 금리 정책을 펴고 있다. 이런 재정정책은 세계 통화량의 증가를 가져오고 세계의 유동성을 늘린다. 이 과정에서 풍부해진 유동성이 실물자산 가치를 상승시키는 것이다.

> **마이너스 금리 (negative interest rate)**
> 금리가 0% 이하인 상태를 말한다. 예금할 때 그 대가로 이자를 받는 것이 아니라, 오히려 일종의 '보관료' 개념의 수수료를 내야 한다.

미국 연준 내에서 양적완화 정책을 지지하는 소위 비둘기파의 입지가 강화되고 있다. 비둘기파인 미국 연준 의장 제롬 파월은 계속해서 금리인하 신호를 보내고 있다. 그가 금리인하를 강력하게 시사하자 바로 그 이튿날·미국증시와 국내주식 전광판이 온통 빨간 불로 물들었다.

미중 무역전쟁이 진정되는 모습이 안 보이고, 우리나라는 반도체 소재에 대한 일본의 수출규제로 한일 무역전쟁으로 치닫던 때임에도 불구하고 말이다. 경제 펀더멘탈과 관계없이 초저금리와 시장 유동성이 주가를 끌어올린 것이다.

나는 시장 생태계에서 30년을 살아온 사람이다. 이 경험치를 통해 언제나 금리가 실물자산 가치를 춤추게 한다는 것을 터득했다. 적어도 시장주의자로 살아온 내 경험은 개인의 주관을 넘어서 일정 부분 시장의 객관을 담고 있다고 생각한다.

한국경제는 고성장 시대를 마감하고 이미 저성장 시대로 진입하였다. 출생률이 낮아지고 고령 인구는 증가하고 1인 가구도 크게 늘고 있다. 이와 더불어 내수경기는 나날이 침체되고 있다. 이 모든 상황이 저성장 사회로 진입했다는 것을 보여주는 주요 지표다.

과거처럼 10%에 근접한 고성장 시대는 다시 찾아오지 않는다. 한국은행의 2020년 경제성장률 목표치가 2%다. 이것은 OECD 국가 평균과 비교해 결코 낮지 않다. 이제 우리 경제의 패러다임이 바뀌었으니 바뀐 환경에 적응하는 재테크 전략이 필요하다.

나는 국가 경제와 기업 펀더멘털이 과거처럼 크게 성장하지 못하는 시대일수록 저금리와 유동성이 자산 가치를 더욱 춤추게 할 것이라고 믿는다. 금리의 변동에 따른 시장 유동성이 투자에 절대적인 영향을 미친다는 것을 마음에 꼭 새겼으면 좋겠다.

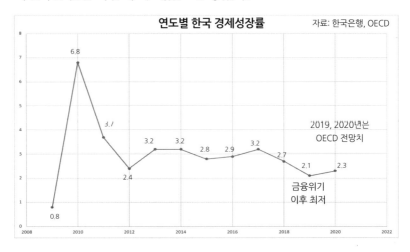

연도별 한국 경제성장률   자료: 한국은행, OECD

제3장

금리도 모르고
재테크를 한다고?

시장금리와 기준금리는 다르다고?

어느 날 유튜브에서 부동산 강의를 본 적이 있다. 그런데 강사가 금리를 설명하는 것을 보고 기겁했다. 대중을 상대로 강의하는 사람이 시장금리와 기준금리도 제대로 설명하지 못했기 때문이다. 그는 고등학교에서 배우는 수준의 원론적인 금리 이론을 어설프게 설명하고 있었다.

제도권 금융기관에서 근무해 보지 못한 자칭 '전문가'라는 사람들은 이렇게 잘못된 지식을 전달하는 경우가 많다. 실제로 금융기관에서 일하고 강의했던 내가 봤을 때 '이건 좀 아닌데⋯.'라는 생각이 들었다. 그러나 딱히 새삼스러운 일도 아니라 그냥 그러려니 하고 넘겼다.

당신이 재테크로 성공하겠다고 결심한 사람이라면 그 누구보다 금리의 흐름을 이해하고 이를 투자에 적용할 줄 알아야 한다. 따라서 지금부터라도 금리를 정확하게 공부하고 이해하기 바란다.

먼저 금리가 무엇인지 알아보자. 우리는 일을 하여 돈을 번다. 번 돈을 쓰고, 남은 돈은 은행에 예금하거나 다른 사람에게 빌려준다. 돈을 빌려주면 다른 사람에게 그 대가를 받는다. 이를 '이자'라 한다.

반대로 돈이 필요하여 빌려야 할 때도 있다. 돈을 빌리면 돈을 빌려 쓴 것에 대한 대가를 지급한다. 이때 빌린 돈에 대한 이자의 비율을 '금리' 또는 '이자율'이라고 한다. 한마디로 금리는 돈의 가격이다.

경제신문에서 '시장금리'라는 용어를 자주 봤을 것이다. 시장금리는 '한국은행 기준금리'를 말하는 것일까? 아니다. '시장금리'는 증권시장에서 유통되는 국고채 3년물의 '금리'를 말한다. 다른 말로 '시장실세금리'라고 한다.

시장실세금리
금융시장 상황을 대표하는 금리로, 다른 말로 '시장금리'라고도 한다. 국고채 3년물이 대표적이다. 시장실세금리는 매일매일 자금시장의 수요와 공급에 따라 변한다. 네이버 금융 섹션의 시장지표에서 국고채 3년물 금리 흐름을 볼 수 있다.

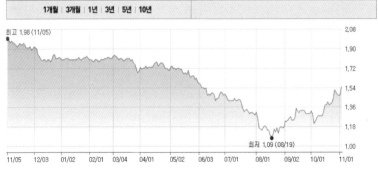

시장금리는 국고채 3년물의 시장원리에 의해 자율적으로 결정된다. 쉽게 말하면 국고채 3년물의 수요와 공급에 따라 시장금리가 정해진다. '시장금리가 올랐다'는 말은 국고채 3년물 금리가 올랐다(채권값 하락)는 뜻이다. 반대로 '시장금리가 내렸다'는 말은 국고채 3년물 금리가 내렸다(채권값 상승)는 뜻이다.

국고채 금리 관련 기사
국고채 금리가 4일 일제히 큰 폭으로 상승(채권값 하락)했다. 이날 서울 채권시장에서 3년 만기 국고채 금리는 전 거래일보다 8.3bp(1bp=0.01%) 오른 연 1.550%에 장을 마감했다. 박○수 NH투자증권 연구원은 "미국과 중국의 무역협상이 계속 진행되면서 위험자산을 선호하는 심리를 자극하고 있고, 한국은행이 향후 추가 금리 인하를 단행할지 시장에서 의구심을 품고 있어 국고채 금리는 최근 계속 상승하고 있다"라고 설명했다.
(2019년 11월 4일 연합뉴스 기사에서 발췌)

얼마 전까지만 해도 기업이 발행하는 AAA등급의 회사채 3년물을 시장실세금리 지표로 사용했다. 하지만 회사채는 발행 비용이 많이 들고 전산화 과정도 복잡하다. 이런 번잡함을 없애기 위해 지금은 국고채 3년물을 시장실세금리로 삼고 있다. 국고채 3년물은 반복적으로 자주 발행되며, 거래도 많이 이루어지고, 전산화도 쉽고, 발행 비용도 적게 들기 때문이다.

국고채 3년물은 증권시장에서 유통되며 한국은행 기준금리의 선행 지표다. 즉 한국은행 기준금리는 시장금리인 국고채 3년물의 영향을 받는다. 2019년 10월 7일 국고채 3년물의 금리는 1.23%였다. 이런 흐름에 맞춰 2019년 10월 16일 한국은행 기준금리도 1.5%에서 1.25%로 인하하였다.

우리는 시장금리 기준인 국고채 3년물 금리의 흐름에 관심을 가지고 지켜볼 필요가 있다. 한국은행 기준금리도 시장금리 흐름을 무시

할 수 없기 때문이다.

이제 시장금리와 함께 중요한 경제지표 역할을 하는 '한국은행 기준금리'에 대해 알아보자.

'한국은행 기준금리'는 9명으로 구성된 금융통화위원회가 결정한다. 한국은행 기준금리는 한국은행이 금융기관과 RP(환매조건부채권) 매매, 자금조정 예금 및 대출 등의 거래를 할 때 기준이 되는 정책금리다. 간단히 '기준금리(base rate)'라고도 한다.

기준금리는 물가 동향, 국내외 경제 상황, 거시경제 지표, 금융시장 여건, 정부 정책 등을 고려하여 결정한다. 전세계 국가에 큰 영향을 미치는 미국 기준금리의 영향을 받기도 한다.

아래는 한국은행 기준금리의 변화를 나타낸 그래프다. 기준금리는 경제 상황에 따라 계속 변해왔음을 알 수 있다. 2008년 금융위기 때 2.0% 수준까지 낮아졌었고, 2010년부터 2012년까지 일시적으로 올라갔다. 이후 한국경제가 좋아지지 않자 지속해서 하락세를 보이고 있다.

◆ 한국은행 기준금리

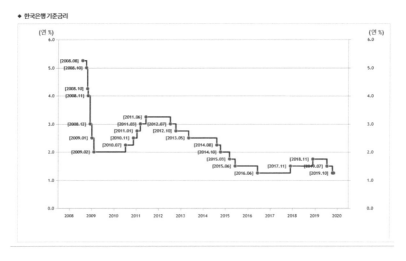

기준금리 인하는 은행권의 여수신 금리에 즉각적으로 영향을 미친다. 즉 한국은행이 기준금리를 내리면 금융회사의 여수신 금리는 즉각적으로 내린다. 반대로 한국은행이 기준금리를 올리면 금융회사의 모든 여수신 상품의 금리가 오른다. 따라서 금융 재테크는 절대적으로 한국은행의 기준금리 결정에 영향을 받는다고 볼 수 있다.

나는 앞으로 한국은행 기준금리가 더 낮아질 것으로 본다. 현재 우리나라의 경제가 예상했던 것보다 성장률이 떨어지고 디플레이션이 우려될 정도로 불황을 겪고 있기 때문이다. 한국 내수경기를 활성화하기 위해서라도 기준금리를 더 내릴 가능성이 크다고 생각한다.

확정 수익을 주는 상품인 예금이나 적금에 관심 있는 사람은 금리가 더 내려가기 전에 투자하는 것이 이익이다. 반대로 돈을 빌리려는 사람은 금리가 내려간 후에 대출받는 것이 이익이다.

앞으로 계속 금리 흐름에 관심을 가지고 지켜보면서 재테크에 유리하게 활용하길 바란다.

표면금리는 뭐고 실질금리는 뭔가요?

2019년 10월 7일 기준으로 시장실세금리를 대표하는 국고채 3년물의 금리는 1.23%이고, 은행권의 여수신 상품에 절대적 영향을 미치는 한국은행 기준금리는 1.25%다. 한국은행 기준금리가 낮으면 은행예금이나 은행적금 금리도 낮다.

은행에서 예금상품 상담을 할 때 은행원이 "1억 원을 1년 동안 맡기면 2% 이자를 드려요."라고 했다면 이것은 표면금리다.

> **표면금리(表面金利, coupon rate)**
> 표면금리란 말 그대로 표면에 적힌 금리를 말한다.
> 명목금리와 같은 의미로 보면 된다.

표면금리가 2%라도 이자소득세와 물가상승률을 감안하면 실질금리는 제로에 가깝다. 예를 들어 당신이 은행에 2% 표면금리로 1억 원을 1년 동안 맡겼다고 하자. 이자소득세는 200만 원의 16.5%이다. 따라서 세금 33만 원을 내고 1억 167만 원을 받는다. 그렇다면 당신 돈은 167만 원이 불어난 것일까? 그렇지 않다. 매년 임금이 오르고 짜장면 값이 오르는 것처럼 물가는 1년에 2~3%씩 오르니까 말이다. 결국 당신은 한 푼도 돈을 불리지 못한 셈이다.

> **실질금리(實質金利, real rate of interest)**
> 물가상승을 감안한 이자율을 말한다. 즉 실질금리는 명목금리에서 예상 인플레이션율을 뺀 것이다. 최근 은행예금 금리는 떨어지고 물가는 오르면서 사실상 실질금리 0% 시대가 됐다.

이런 저금리 시대에 은행예금으로는 절대로 돈을 불릴 수 없다. 그래도 예금을 고수한다면, "나는 재테크로 돈 벌고 싶지 않다."라고 말하는 것과 같다. 나는 사회생활 30년 동안 이렇게 시장금리가 낮게 형성되는 것을 한 번도 경험해 보지 못했다. 이런 상황이니 월급쟁이들 사이에서 예금 무용론이 공감대를 넓혀 가고 있는 것이다.

불과 10년 전 금융위기 때만 해도 시장금리는 10%에 가까웠다. 10년 사이 예금금리가 2%로 쪼그라들었다. 월급을 받아 저축만 하는 월급쟁이들은 이 상황이 곤혹스러울 것이다. 예금이나 적금만으로는 돈을 불릴 수 없다는 것을 잘 알고 있기 때문이다.

그래서인지 내게 "금리가 너무 낮은데 뭘 어떻게 해야 할까요?"라고 묻는 사람이 많다. 나름대로 고민 끝에 물어봤을 것이다. 이런 질문에 나도 곤혹스럽기는 매한가지다. 보수적인 월급쟁이들에게 수익성은 높지만 위험성이 큰 파생상품을 추천할 수도 없기 때문이다. 그렇다고 유동 장세를 기대하고 주식에 몰빵하라고 말하기도 어렵다. 평범한 월급쟁이에게는 주식도 쉽지 않기 때문이다.

나는 초보자가 쉽게 접근할 수 있는 것은 오피스텔, 다가구주택, 셰어하우스 같은 수익성 부동산 투자라고 생각한다. 지금은 저금리 시대이기 때문이다. 앞서 투자상품의 가치는 경제 흐름에 따라 달라진다는 말이 기억나는가?

과거 고금리 시대에 오피스텔은 인기 없는 찬밥 신세였다. 은행에만 돈을 넣어놔도 안전하게 10%씩 수익을 낼 수 있었기 때문이다. 하지만 저금리 시대가 되면서 상황이 바뀌었다. 지금 은행에 예금하면 고작 2% 이자를 받지만, 오피스텔에 투자하면 쉽게 10% 이상의 수익을 낼 수 있기 때문이다. 저금리 시대를 맞아 오피스텔은 인기 투자상품이 되었다.

언젠가 책 출간을 위해 출판사 편집장을 만나 대화를 나눈 적이 있다. 이 출판사의 편집장은 재테크 책을 전문적으로 내는 출판사의 편집장답게 재테크에 빠삭했다. 그의 말을 경청해 보니 그는 금융위기 이후 세계 선진국들의 양적완화와 금리정책이 우리나라에도 영향을 미칠 것을 확신했다고 한다.

그는 고양시 백석동에 소재한 브라운스톤 오피스텔을 1억 2천만 원대에 매입하여 매월 80만 원의 월세를 받고 있다. 매월 80만 원의 월세를 연으로 환산하면 960만 원이다. 1.5% 금리로 1년에 960만 원의 이자를 받으려면 은행에 6억 4,000만 원을 예금해야 한다.

*연간 이자 수입을 예금금리로 나누면, 얼마가 필요한지 쉽게 계산할 수 있다.
6억 4,000만 원 = 960만 원 / 1.5%

그는 이 오피스텔로 최소 은행이자 5배 이상의 수익을 얻고 있는 셈이다. 여기에 시세 차익은 덤이다. 현재 이 오피스텔은 1억 7,000만 원 선에 거래되고 있다.

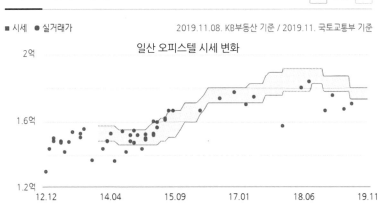

■ 시세　● 실거래가　　　　　　　　2019.11.08. KB부동산 기준 / 2019.11. 국토교통부 기준

일산 오피스텔 시세 변화

2억

1.6억

1.2억
12.12　　　　14.04　　　　15.09　　　　17.01　　　　18.06　　　　19.11

누구는 은행 예금 금리가 너무 낮다고 절망에 빠져 있을 때 누구는 사회, 문화, 경제의 변화를 예측하여 혹독한 초저금리 시대에도 은행 예금 이자의 5배가 넘는 짭짤한 임대수익을 올리고 있는 것이다.

같은 돈으로 같은 시점에 투자해도 개인의 능력에 따라 그 결과는 크게 차이가 난다. 그래서 필자는 "재테크 실력은 부자와 빈자를 가르는 기준점이 된다."라고 강조한다.

사람들은 "재테크로 부자가 된 이들은 그저 운이 좋았을 뿐이에요."라고 쉽게 깎아내린다. 그러나 알고 보면 그들이 운이 좋았던 것이 아니다. 끊임없이 공부하고 노력했기 때문에 성공한 것이다.

호숫가를 유유히 헤엄치는 백조를 보라. 백조의 겉모습은 유유자적하게 보인다. 하지만 눈에 보이지 않는 백조의 물갈퀴는 수면 아래서 쉼 없이 움직이고 있다. 세상의 모든 성공은 남들이 보이지 않는 곳에서 피눈물 나게 노력하여 얻은 것이다. 재테크라고 무엇이 다르겠는가?

콜금리와 리보금리로 단기금리 흐름을 읽어라

금융회사의 정체성은 무엇인가? 금융회사는 쉽게 말하면 돈놀이를 하는 곳이다. 돈놀이로 이익을 많이 남기려면 낮은 금리로 돈을 조달하고 높은 금리로 대출을 많이 해주어야 한다. 즉 은행 금고에 돈을 최소로 남겨두어야 한다. 장사로 말하면 재고를 줄여야 한다. 그래야만 한 푼이라도 더 많은 이자를 벌기 때문이다.

그런데 이것이 말처럼 쉽지가 않다. 금융회사 A는 열심히 돈놀이를 했지만 금고에 돈이 많이 남았다. 그런데 다른 금융회사 B는 때마침 돈이 부족하다. 금융회사 A는 같은 돈 장사를 하는 금융회사 B에 남은 돈을 단기로 빌려준다.

이렇게 금융회사 간 돈이 오가는 행위를 '콜 거래(call 去來)'라고 하며, 이때 오가는 돈을 '콜 자금(call 資金)'이라고 한다. 이때 기준이 되는 금리를 '콜 금리(call 金利, call rate)'라고 부른다. 콜 금리는 금융시장의 단기금리를 대표하는 지표로 활용된다.

> **콜 거래(call 去來)**
> 남는 자금을 운용하기 위해 금융회사 간 초단기로 거래하는 것을 말한다.
>
> **콜 자금(call 資金)**
> 금융기관들 사이에 짧은 기간 융통되는 고액의 자금
>
> **콜 금리(call 金利, call rate)**
> 금융기관의 영업활동 과정에서 남거나 모자라는 자금을 초단기로 빌려주고 받는 것을 '콜'이라
> 부른다. 이때 적용되는 금리를 '콜 금리'라 한다.

네이버 증권 섹션의 시장지표에서 '콜 금리'를 선택하면 쉽게 확인할 수 있다. 2019년 11월 6일 기준 콜 금리는 1.24%이다.

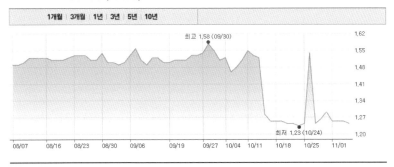

콜 거래는 국내 금융기관끼리만 하는 것이 아니다. 세계 금융의 중심지인 영국 런던에 지점을 두고 있는 금융회사 간에도 자금이 오간다. 이때 적용되는 금리를 '리보금리(LIBOR 金利)'라고 한다. "세계금리가 올랐네 내렸네." 말하는 기준은 바로 리보금리다. 이 리보금리를 세계기준금리라고 한다.

> **리보금리 (London inter-bank offered rates)**
> 남는 자금을 운용하기 위해 금융회사 간 초단기로 거래하는 것을 말한다.

보통 단기금리는 6개월 이내의 금리를 말한다. 단기금리의 흐름은 장기금리 흐름에 큰 영향을 미친다. 따라서 단기금리 흐름은 장기적 관점에서 시장금리 흐름을 읽을 수 있는 지표라고 할 수 있다.

저금리 시대, 대출을 활용하라

상대적으로 안전한 부동산에 투자할 때 타인의 자본을 활용한 레버리지는 필수다. 대출을 활용하면 내 돈이 적게 들고 투자금 대비 수익이 커지기 때문이다.

예를 들어 세입자가 2억 5,000만 원으로 전세로 들어와 사는 아파트를, 전세를 끼고 3억 원에 샀다. 내 돈 5,000만 원이 들어간 셈이다. 그런데 이 아파트가 2년 만에 4억 원으로 올랐다. 내 돈 5,000만 원을 들여 1억 원의 이익을 얻은 셈이다. 수익률은 무려 200%이다.

이처럼 레버리지를 활용하면 수익률이 기하급수적으로 커진다. 지어낸 이야기가 아니다. 실제로 최근 서울 노도강 지역에 이런 투자 성공 사례가 많다(실제 부동산 투자 사례는 5장에서 따로 다룬다).

참고로 레버리지는 은행에서 받은 대출만을 의미하지 않는다. 타인의 자본이 곧 레버리지다. 전세금도 타인의 자본이므로 레버리지로 본다. 그래서 투자에서 레버리지는 필수라고 말하는 것이다.

지금은 저금리가 대세인 시대다. 저금리 시대는 앞으로도 장기간 이어질 것이다. 저금리는 그저 예금금리가 낮은 것만을 의미하지 않는다. 대출금리도 낮다는 것을 의미한다. 대출이자의 부담이 크게 줄어든다는 뜻이다. 따라서 대출을 적극적으로 활용하기 좋다.

사람들은 정부의 대출 규제 정책으로 예전보다 대출이 어려워졌다고 한다. 그러나 재테크 전문가, 금융 전문가로 살아온 나는 현장을 잘 안다. 대출을 받으려고 마음먹고 찾으면 얼마든지 나온다. 생각보다 낮은 금리로 대출을 받을 수 있다. 대출을 받을 수 있는 곳은 1금융권이라고 부르는 대형 은행 말고도 많다.

은행 외에도 저축은행이 있고, 전국에 1만여 개가 독립채산제로 운영되는 마을금고(새마을금고, 신협, 수협 등)도 있다. 보통 주택담보대출은 주택 시세 기준으로 최대 70~80%까지 가능하다. 또한 개인의 신용을 담보로 '신용대출'을 추가로 받을 수도 있다. 이처럼 담보대출과 신용대출을 활용하면 2억 원 이하 소액 부동산은 거의 돈을 들이지 않고 부동산을 살 수 있다.

다만 무조건 이렇다고 일률적으로 말할 수는 없다. 금융회사마다 대출 기준이 제각각이고 회사의 자금 상태에 따라서 대출조건이 다르기 때문이다. 따라서 대출을 잘 받기 위해서는 많은 곳에 문의하거나 다양한 대출 상품을 취급하는 대출상담사에게 의뢰하는 것이 좋다. 그중 가장 좋은 조건을 제시하는 곳을 고르면 된다. 입맛에 맞는 조건을 어렵지 않게 찾을 수 있을 것이다.

결국 부동산 투자는 레버리지를 얼마나 잘 활용하느냐에 달렸다. 그렇더라도 서울의 꼬마 빌딩은 아무리 대출과 보증금을 최대한 활용해도 돈이 만만치 않게 든다. 월세 놓기 좋은 다가구주택도 적지 않은 돈이 든다.

그러나 부동산 투자에 반드시 큰돈이 필요한 것은 아니다. 투자금이 적은 사람은 서울 접근성이 좋은 수도권 소형 오피스텔 등에 투자하는 것도 하나의 방법이다. 이런 곳은 적은 돈을 들여 안정적인 임대 수익을 얻을 수 있고 시세 차익도 노릴 수 있다.

저가 오피스텔 단지가 몰려있는 수원시 인계동, 시흥시 정왕동, 안산시 고잔동 등이 대표적이다. 서울에서도 잘 찾으면 소액으로 투자 가능한 오피스텔을 찾을 수 있다.

이와 같은 수도권 소형 오피스텔은 대출을 잘 활용하면 1,000만 ~2,000만 원으로 투자할 수 있다. 심지어 돈이 안 드는 경우도 있다. 이렇게 돈이 안 드는 부동산 투자를 '무피투자'라고 한다. 지방 소형 아파트나 수도권 소형 오피스텔에서 무피투자 성공 사례가 많다. 실제 투자 사례는 5장에서 따로 자세히 얘기하겠다.

무피투자

무피투자란 자기 돈을 들이지 않고 부동산을 매수하는 것을 말한다. 즉 자기 자본이 들어가지 않는 투자다. 부동산 투자는 레버리지를 최대한 활용하기 위해 타인의 자본인 대출과 보증금을 활용한다.

예를 들어 6,000만 원짜리 지방 소도시 아파트를 매수한다고 하자. 매수가의 80%인 4,800만 원을 대출받았고 대출 이자율은 4%다. 그렇다면 잔금 1,200만 원이 필요하다. 추가로 취득세와 법무비가 200만 원이 들고, 수리비도 300만 원이 든다고 하자.

그럼 집을 사는 데 들이긴 돈은 1,700만 원(= 6,000 - 4,800 + 200 + 300)이다. 이 집을 보증금 1,700만 원에 월세 30만 원에 임대 놓으면 어떻게 될까? 집을 사는 데 내 돈이 한 푼도 들지 않는다. 이것이 바로 무피투자다.

월세를 받아 대출이자를 내고도, 매달 14만 원씩 현금이 생긴다. 매월 이자가 16만 원(= 4,800 * 4% / 12)이기 때문이다. 매달 월세를 받으며 기다리다가 적당히 올랐을 때 팔면 된다.

투자에 레버리지를 활용하는 것은 당연하다. 레버리지를 쓰지 않고 현금만으로 부동산에 투자하는 사람은 없다. 지나치게 과도한 레버리지만 아니라면 안전하다. 그러니 부동산 투자에 레버리지를 쓰는 것을 겁내지 말기 바란다.

다만 경제적 효율성을 잘 따지도록 하자. 예를 들어 금리 4%로 1억 원을 빌려서 부동산에 투자하여 15% 수익을 낼 수 있다면 대출을 안 받을 이유가 없다. 그러나 4%로 돈을 빌려서 6~7% 수익이 나는 상품이라면 투자하지 않는 것이 맞다.

투자나 사업에 레버리지는 필수임을 명심하자. 재무가 안정적인 기업들도 사업 규모를 키우고 수익성을 높이기 위해 타인의 자본을 끌어온다. 주식시장의 우량기업들도 증권시장에서 유상증자로 돈을 조달하고 회사채를 발행해 자금을 조달하지 않는가?

지금과 같은 초저금리 시대에 은행은 예금하는 곳이 아니다. 저금리로 대출받아 레버리지를 활용하기 위한 곳이다. 우리는 예금금리가 낮아지면 대출금리도 낮아진다는 사실을 잘 알고 있다. 현재 개인이 가장 낮은 금리로 대출받을 수 있는 곳이 어디인가? 바로 은행이다.

은행은 투자의 실탄이 되는 종잣돈을 낮은 금리로 조달하기 위한 곳이다. 은행과 거래하라. 그러나 지혜롭게 하라.

신용에 따라 금리가 달라진다

금리는 자금이 필요한 곳(금융회사, 기업, 개인)의 위험도에 비례하여 결정된다. 위험도가 높으면 금리도 높고 위험도가 낮으면 금리도 낮다.

먼저 개인 신용등급에 대해 알아보자. 요즘은 인터넷에서 개인 신용등급을 쉽게 조회할 수 있다. 신용평가기관에는 한국신용평가정보(KIS), 한국신용정보(NICE) 등이 있다. 신용평가기관은 여러 은행과 카드사에서 개인 신용정보를 받아 이를 취합하고 가공하여 신용도를 평가한다.

신용평가기관은 소득, 대출, 카드사용내역 등으로 개인신용을 평가하여 1등급에서 10등급으로 나눈다. 1등급은 최고 등급이고 10등급은 최하 등급이다. 신용등급은 인터넷이나 스마트폰에서 조회할 수 있다. 유료인 곳도 있고 무료인 곳도 있다.

청년층이 많이 이용하는 카카오뱅크는 앱에서 무료로 신용등급조회를 할 수 있어 편리하다. 앱 화면 왼쪽 상단의 '메뉴' 버튼을 눌러 '내 신용정보'를 선택하면 된다.

개인이 은행에 대출을 요청하면 은행은 신용평가기관을 통해 신용등급을 조회한다. 신용등급 외에 은행 내부지침에 따라 자기 은행과의 거래실적 등 몇 가지 항목을 더 평가하여 개인 신용도를 결정한다. 신용도가 높으면 위험도가 낮으므로 대출금리를 낮게 책정한다. 신용도가 올라갈수록 위험도를 높게 보고 금리도 높게 책정한다.

기업 신용등급도 마찬가지다. 기업 신용등급은 AAA등급에서 D등급까지 18등급으로 나뉜다. 이 등급에 따라 기업에서 발행하는 회사채 금리가 결정된다. 삼성전자 같은 초우량 기업은 가장 신용도가 높은 국고채 수준의 금리로 회사채를 발행할 수 있다. 반대로 신용도가 낮은 기업은 높은 금리로 회사채를 발행해야 한다.

지금과 같은 초저금리 시대에도 BBB- 등급의 회사채에 투자하면 예금금리보다 높은 수익률을 올릴 수가 있다. 일반적으로 증권시장에서 거래되는 회사채는 BBB- 등급 이상이다. 흔히 '투자 적격 채권'이라 한다. BBB- 보다 낮은 등급의 채권은 위험도가 크게 높아진다.

이는 민간 기업에만 적용되는 것이 아니고 국가에도 적용이 된다. 우리나라의 IMF 때처럼 국가 재정이 디폴트 상황일 때 금리가 폭등하는 것도 같은 이치다.

신용등급	비고
AAA	원리금 지급 능력이 최상급
AA+ / AA-	원리금 지급 능력이 매우 우수하지만, AAA 등급보다는 다소 낮음
A+ / A-	원리금 지급 능력은 우수하지만, 상위 등급보다 경제여건에 영향을 받기 쉬운 면이 있음
BBB+ / BBB-	원리금 지급 능력은 양호하지만, 상위 등급보다 경제여건에 따라 장래 원리금 지급 가능성이 낮아질 가능성이 있음
BB+ / BB-	원리금 지급 능력은 양호하지만, 등급에 비해 경제여건에 따라 장래 원리금 지급 가능성이 낮아질 가능성이 있음
B+ / B-	지급 능력이 부담되는 투기 등급이며, 불황 시에 이자 지급이 확실치 않음
CCC	원리금 지급에 관하여 현재에도 불안요소가 있으며, 채무 불이행 위험이 커 매우 투기적임
CC	상위 등급에 비해 불안 요소가 큼
C	채무 불이행의 위험성이 높고, 상환 능력이 없음
D	채무 불이행의 위험성이 높고, 상환 능력이 없음

지금까지 신용도에 대해 알아봤다. 이제 우리가 신용도를 어떻게 활용할 수 있는지 생각해 보자.

당신이 1억 원짜리 오피스텔에 투자한다고 하자. 이때 당신 손에 현금 1억 원이 있어야 하는 것은 아니다. 투자금은 내 손에 있는 돈이 전부가 아니다. 내 신용으로 금융회사에서 빌릴 수 있는 돈도 투자금이다. 지금과 같은 저금리 시대에는 담보대출이든 신용대출이든 돈을 쉽게 빌릴 수 있다. 따라서 누구나 적은 돈으로 쉽게 부동산에 투자하고 수익을 낼 수 있다.

은행에서 담보대출을 받거나 신용대출을 받을 때 신용등급이 높을수록 좋다. 신용등급이 높으면 대출을 많이 받을 수 있고 금리도 상대적으로 낮기 때문이다. 그래서 '신용등급은 돈'이라고 한다. 은행에서 대출을 많이 받거나 금리를 낮추려면 평소에 꾸준히 신용등급을 관리해야 한다.

신용등급 관리는 어렵지 않다. 먼저 주거래 은행을 정하고 주거래 은행에 입출금 통장을 만들어라. 예금과 적금 거래도 주거래 은행을 통해서 해라. 신용카드도 적당히 쓰되 절대로 할부는 이용하지 마라. 무이자 할부도 쓰지 마라. 카드 연체는 당연히 없어야 한다. 카드대금을 결제일이 오기 전에 미리 갚는 것도 신용등급을 올리는 하나의 방법이다. 그 외에도 다음 그림처럼 다양한 팁이 있다.

혹독한 저금리 시대에 우리가 은행 거래를 하는 이유는 예금이자를 한 푼 더 받기 위함이 아니다. 더 좋은 조건으로 대출을 받기 위해서라는 점을 명심하기 바란다.

부자들의 사금고, 저축은행

재테크에 관심 있는 사람은 모두 은행과 저축은행의 차이를 궁금해한다. 저축은행에도 '은행'이라는 명칭이 있다 보니 저축은행과 은행을 거의 같은 금융회사로 아는 경우가 많다. 하지만 자세히 들여다보면 은행과 저축은행은 많이 다르다. 이 차이를 한마디로 정리하면 "저축은행은 은행의 부분집합이다."라고 할 수 있다.

좀 더 자세히 들여다보자. 은행은 다양한 상품을 취급한다. 예금, 적금, 대출 외에도 방카슈랑스(은행과 보험사와 제휴해 제공하는 종합금융서비스), 수익증권, 펀드 등이다. 반면에 저축은행은 예금, 적금, 표지어음 등의 수신 상품과 대출 업무만 취급한다. 즉 저축은행은 수익을 낼 수 있는 상품이 한정적이다.

그럼에도 불구하고 저축은행은 여태껏 살아남을 수 있었다. 왜일까? 저축은행의 예금금리가 은행과 비교해 경쟁력이 있기 때문이다. 예금금리가 높으니 고객들의 돈이 몰리고 저축은행은 돈이 필요한 사람에게 더 높은 금리로 대출해 준다. 이것이 바로 저축은행의 생존비결이다.

서울 강남의 저축은행을 두고 '부자들의 사금고'라는 말이 돌았었다. 이 말은 왜 나왔을까? 돈에 민감한 부자들이 은행예금보다 높은 금리를 주는 저축은행으로 몰려들었기 때문이다.

부자들은 누구보다 돈 냄새를 잘 맡는다. 즉 이자를 한 푼이라도 더 주는 곳에 예금한다. 저축은행은 일반은행보다 적게는 1%에서 많게는 4%의 이자를 더 준다. 이처럼 부자들이 은행 대신 저축은행을 선택한 이유는 최소 1% 이상 금리가 높기 때문이다. 그래서 부자들이 많이 사는 강남의 저축은행을 '부자들의 사금고'라 했던 것이다.

흔히 "저축은행은 금리가 높지만 규모가 작고 안정성에서 취약하다. 너무 위험하니 돈을 맡기면 안 된다."라고 말한다. 상당한 근거가 있는 말이다. 최근 10년간 파산으로 주인이 바뀐 저축은행이 많기 때문이다.

그러나 저축은행이 망해도 내 예금이 사라지는 것은 아니다. '예금자보호법'에 의해 1인당 원금과 이자를 합하여 5,000만 원까지 정부가 보장해 주기 때문이다. 여러 저축은행에 각각 5,000만 원씩 예금하면 큰돈도 안전하게 예금할 수 있다.

예금자보호법

금융회사가 파산 등의 사유로 고객의 예금을 지급하지 못하게 되면, 정부가 일정한 금액 범위 내에서 예금액을 보장해 주기 위해 제정한 법이다.

예금보험공사에서는 예금자를 위해 금융기관에게 예금보험료를 받아 기금을 적립한다. 만약 금융기관이 예금을 지급할 수 없는 사유가 발생하면 대신 예금을 지급해 준다. 예금자는 한 금융회사에서 원금과 이자를 포함해서 1인당 5천만 원까지 보장을 받을 수 있다.

쉽게 말하면 남편과 아내 명의로 따로 통장을 만들고 여러 저축은행에 나눠서 맡기면 된다. 저축은행은 위험해서 돈을 맡기지 못하겠다는 것은 금융에 대한 이해 부족에서 나온 말이다.

지난 30년간 고위험 자산인 주식, 파생상품에 투자한 사람들은 대부분 재테크에 실패했다. 상대적으로 안전한 자산인 부동산, 예금에 투자한 사람들은 투자 수익률이 높았다. 그래서 부자들은 안전자산인 부동산과 예금을 선호한다.

예전에는 예금과 적금만으로도 10% 이상의 수익을 얻을 수 있었지만, 지금은 금리가 낮아져 예금의 경쟁력이 사라졌다. 그렇더라도 부자 월급쟁이는 0.1%라도 금리를 더 받기 위해 노력한다. 작은 것을 하찮게 여기는 사람은 절대로 부자가 될 수 없다.

지금은 혹독한 초저금리 시대다. 나만 금리가 낮은 것이 아니다. 모두 같은 조건이다. 그러니 금리가 낮다고 불평하지 말자. 생존을 뛰어넘어 부자가 되는 방법을 찾자. 찾으려고 노력하면 얼마든지 찾을 수 있다.

예금금리 1% 올리고, 대출금리 1% 내리고

나는 1990년대 초에 사회생활을 시작했다. 당시에는 정부가 금융권의 모든 여수신(금융기관에서 돈을 빌려주거나 받는 일) 상품의 금리를 교통정리하던 시대였다. 쉽게 말하면 국민은행이나 신한은행이나 예금 금리가 같았다. 금리, 상환조건, 대출기간까지 정해진 대로 따라야만 했었다.

당시 한국경제는 고성장을 하고 있었고 돈이 필요한 기업은 많은데, 은행이 빌려줄 돈은 없었다. 은행은 더 많은 예금을 받기 위해 노력할 수밖에 없었다. 예금하는 사람을 왕처럼 떠받들던 시대였다.

은행이 정부의 금리 가이드 라인을 따르지 않는 경우도 많았다. 편법으로 공식적인 금리에 소위 '덧금리'라고 하는 장부에 드러나지 않는 추가 금리를 주기도 했다. 지금은 상상도 할 수 없는 일이다. 당시는 대출을 받는 것이 일종의 특혜처럼 여겨지던 시대였다.

그러나 지금은 어떤가? 예금금리가 2%도 안 된다. 예금 무용론이 나오고 실제 저축률도 크게 떨어졌다. 1990년대 초와 반대로 시중에

자금이 넘쳐난다. 지금은 은행 거래실적이 없어도 담보만 있으면 좋은 조건으로 대출을 받을 수 있다. 자금이 넘치고 누구나 낮은 금리로 쉽게 자금을 조달할 수 있는 시대다.

누군가는 가계부채가 늘어나니 위험하다고 생각할 수도 있다. 하지만 조금만 생각을 바꿔보자. 대출이자 부담이 줄어드니 레버리지 효과를 극대화할 수 있다. 오히려 지금은 재테크에 유리한 최고의 환경이라고 할 수 있다.

기성세대는 요즘 청년들이 저축을 하지 않는다고 말한다. 그러나 청년의 입장에서 생각해 보라. 당신은 이렇게 혹독한 저금리에 예금을 하겠는가? 청년들이 사회에 입문하고 은행에서 예금계좌를 만들기도 전에 주식계좌부터 먼저 개설하는 시대다. 이는 패러다임으로 굳어진 현상이다.

그럼에도 불구하고 나는 재테크의 기본은 금리 1%를 소중히 여기는 것에서 시작된다고 믿는다. 지금은 금융 자유화의 시대다. 모든 금융회사는 스스로 여수신 금리를 자율적으로 결정한다. 쉽게 말하면 금융회사마다 지급하는 금리가 모두 다르다. 손품, 발품을 팔면 예금금리 1%를 더 받거나 대출금리 1%를 낮추는 일이 얼마든지 가능하다.

흔히 '마을금고'라고 부르는 새마을금고, 단위 농협, 수협, 신협 등은 '독립채산제'로 운영된다. 이런 지역 마을금고가 1만여 개에 이른다. 이런 곳은 각 사업체의 자금 상황에 따라 각각 다른 금리를 제시한다.

독립채산제 (獨立採算制)
같은 기업 내의 공장, 점포, 영업소 등 사업소 단위로 결산을 따로따로 하는 것을 말한다. 사업장 단위로 실적을 경쟁하게 하는 관리 시스템이다.

예를 들어 서울 관악구 내에서 영업하는 마을금고(새마을금고, 신협, 단위 농협 등)가 5개라면, 지점마다 예금금리와 대출금리가 모두 다르다는 뜻이다. 돈이 넘치는 마을금고 지점은 예금금리를 낮게 책정할 것이고, 반대로 돈이 부족한 지점은 예금금리를 높게 책정할 것이다.

초저금리 시대지만 금융회사를 잘 선택하면 예금금리 1%를 더 받거나 대출금리를 1% 낮추는 일이 얼마든지 가능하다. 손품, 발품을 팔기만 하면 된다. 우리는 지금까지 주거래 은행을 정하고 한 곳에서만 거래하기 때문에 더 많은 예금금리를 못 받았던 것이다.

우리의 목표는 명확하다. 목표를 달성하기 위해서는 투자의 실탄인 종잣돈을 늘려나가야 한다. 종잣돈 만들기는 결국 금융 재테크에 의지할 수밖에 없다. 단단한 종잣돈을 만들 때까지는 금리 1%를 더 받는 일이 중요하다.

목돈을 모을 때는 금융감독원의 '금융상품한눈에(http://finlife.fss.or.kr)' 또는 '저축은행중앙회(https://www.fsb.or.kr/main.do)'를 활용하라. 높은 금리를 주는 상품을 쉽게 찾을 수 있다.

매월 10만 원씩 12개월 적금을 하는 조건을 입력하니 아래처럼 가장 좋은 금리를 주는 곳을 찾아준다. '상세' 버튼을 클릭하면 어디서 가입하는지 정보가 나온다. 직접 지점에 가야 하는 상품은 버리고 스마트폰이나 인터넷으로 쉽게 가입할 수 있는 곳을 고르도록 하자.

검색결과

결과내 검색　전체　▼　검색어를 입력하세요　검색하기

검색된 금융 상품은 총 270 건 입니다.

다운로드

페이지 별 리스트 : 10 ▼ 보기

비교선택	금융회사 ▼	상품명 ▼	적립방식 ▼	세전이자율 ▼	세후이자율 ▼	세후이자(예시) ▼	최고우대금리 ▼	가입대상 ▼	이자계산방식 전체 ▼ 선택	상세정보
☐	대신저축은행	스마트정기적금	정액적립식	3.40%	2.88%	159,640	3.40%	제한없음	단리	상세 ∨
☐	고려저축은행	씨앗 정기적금	정액적립식	3.20%	2.71%	150,250	3.50%	제한없음	단리	상세 ∨
☐	동원제일저축은행	정기적금(비대면)	정액적립식	3.20%	2.71%	150,250	3.20%	제한없음	단리	상세 ∨
☐	동원제일저축은행	정기적금(비대면)	자유적립식	3.20%	2.71%	-	3.20%	제한없음	단리	상세 ∨
☐	CK저축은행	정기적금	정액적립식	3.20%	2.71%	150,250	3.20%	제한없음	단리	상세 ∨
☐	고려저축은행	(비대면)정기적금	정액적립식	3.10%	2.62%	145,554	3.10%	제한없음	단리	상세 ∨

　금리 1% 더 받는 것이 시시해 보일지도 모르겠다. 그러나 우리가 꿈꾸는 경제적 자유를 위해서 금리 1%를 더 받는 일은 매우 소중하다. 이것을 우리 마음에 꼭 새기자.

제4장

월급쟁이 부자의
금융상품 쇼핑법

금융상품 쇼핑 동선을 바꿔라

우리가 일상생활에서 가장 많이 소비하는 금융상품을 5가지만 꼽아보자. 은행적금, 은행예금, 보험사 저축형 상품, 개인연금, 퇴직연금 정도를 꼽을 수 있다.

우리에게는 꽤 익숙한 금융상품이고 타이틀도 꽤나 그럴듯하다. 그러나 필자가 늘 강조하듯이 금융상품의 타이틀은 중요하지 않다. 투자는 안정성, 수익성을 따져 경제적 가치가 더 우수한 상품을 고르는 것이기 때문이다. 위에서 말한 상품 중 과연 경제적 가치가 높은(안정성과 수익성이 좋은) 상품이 있는가?

금융상품의 판매 수수료와 운용 수수료를 빼면 평균 수익률은 1%도 되지 않을 것이다. 이 정도의 금리는 매년 오르는 물가상승률도 되지 않는다. 투자는 돈을 불리기 위해 하는 것인데 피땀 흘려 모은 돈이 오히려 쪼그라들고 있다는 것을 알아야 한다.

지금과 같은 초저금리 시대에 은행, 보험사의 금융상품을 고집할 이유는 없다. 그런데도 사람들은 예금, 적금, 변액보험, 퇴직연금 같은 상품밖에 모른다. 아마도 재테크와 금융에 대해 제대로 공부한 적이 없거나, 금융자본의 화려한 광고나 언론의 기사에 세뇌당했기 때문일 것이다. 결국 우리는 아무 경제성도 없고 이름만 그럴듯한 금융상품에 우리의 소중한 돈을 맡겼던 것이다.

자, 그럼 우리는 어디에서 어떤 금융상품에 투자하여 재테크를 하면 좋을까? 하나씩 알아보자.

나와 내 아내는 지금도 대형 할인매장에서 물건을 사는 것보다 청량리나 가락동 시장에서 사는 것을 더 좋아한다. 물론 대형 할인매장은 주차시설도 좋고 모든 상품이 정가제라서 쇼핑하기에 편리하다. 그러나 날것 그대로를 파는 도매시장은 그 나름대로 장점이 있다. 대형 할인매장보다 싼 가격에 가성비 높은 물건을 살 수 있어 쇼핑하는 재미가 훨씬 크다.

우리가 은행에 가서 금융상품을 쇼핑하는 것은 대형 할인매장에 가서 물건을 사는 것과 같다. 금융상품을 살 때 은행은 편리하지만 가성비는 떨어진다. 그러면 금융상품의 도매시장은 어디일까? 바로 증권사 금융몰이다.

예전에는 증권사 지점이 많지 않아서 증권사 계좌를 만들기 어려웠다. 생업으로 바빠 증권사에 갈 시간을 내기 힘들다. 어찌어찌 시간을 내서 증권사에 갔더라도 번호표를 뽑고 기다리면서 한나절을 허비해야 했다.

지금은 그렇지 않다. 스마트폰으로 증권사 앱만 내려받으면 언제 어디서든 쉽게 계좌를 만들 수 있다. 모두 잠든 한밤중에도 상관없다.

신분증을 준비하고 터치 몇 번만 하면 된다.

미래에셋대우증권, KB증권, 키움증권, 신한증권, 한국투자증권 등 모든 증권사에서 비대면으로 계좌를 만들 수 있다. 앱스토어에서 각 증권사를 검색해 보기 바란다.

이제 증권사의 금융몰을 구경해 보자. 아래는 키움증권 금융몰의 채권 매매 화면이다. 다양한 회사채가 보일 것이다. 딱 봐도 은행예금보다 수익률이 높지 않은가? 매매 단가도 1만 원 수준으로 개인이 소액으로 부담 없이 투자할 수 있다.

여기에는 주로 BBB- 등급 이상의 채권들이 판매된다. BBB- 등급 이상의 채권은 흔히 '투자 적격 채권'이라 하고 대체로 안전하다. 반면 이보다 낮은 등급의 채권은 위험도가 높다. 초보자는 BBB- 등급 이상의 채권에 투자하도록 하자.

종목명 (종목코드)	배수 수익률 (연)	세후 수익률 (연)	세전 은행환산 수익률 (연)	매매 단가	주문가능 수량(천원)	만기 일자	잔존 일수	신용 등급	매수하기/ 발행정보	선평자료 보러가기
신규 한화건설102-2 (KR6068922998)	3.35%	2.82%	3.33%	10,056.00	792,070	2022/09/20	2년312일	BBB+	매수 발행정보 가상매매	한기평 한신평
신규 특판 제이티비씨10 (KR6140481997)	3.25%	2.73%	3.23%	10,061.00	838,000	2021/09/10	1년302일	BBB+	매수 발행정보 가상매매	한기평 한신평
AJ네트웍스36-2 (KR6095572972)	3.48%	2.94%	3.48%	10,017.00	900,000	2022/07/22	2년252일	BBB+	매수 발행정보 가상매매	한기평 한신평
중앙일보34 (KR6030041976)	3.22%	2.72%	3.21%	10,027.00	701,000	2021/07/23	1년253일	BBB	매수 발행정보 가상매매	한기평 한신평
SK해운61 (KR6268761881)	3.13%	2.43%	2.88%	10,041.00	100,000	2020/02/03	83일	BBB+	매수 발행정보 가상매매	한기평 한신평
케이씨씨건설22 (KR60213217A7)	3.13%	2.24%	2.65%	10,268.00	262,802	2020/10/23	346일	A-	매수 발행정보 가상매매	한기평 한신평

〈 키움증권 홈페이지 - 자산관리 - 채권/RP - 채권 매매 〉

증권사 금융몰에서 회사채 외에도 다양한 금융상품에 투자할 수 있다. 그러니 익숙하고 편하다는 이유만으로 은행예금과 적금을 고집할 이유가 없다. 목돈을 맡기고 이자와 원금을 받는 상품은 은행예금 말고도 많다. 상품명이 낯설어서 우리가 잘 모를 뿐이다.

지금부터 말하는 금융상품을 잘 보기 바란다. 표지어음, 발행어음, CP(자유금리 기업어음), 회사채, 카드채. 이 상품들은 정해진 투자 기간에 대한 확정금리를 지급한다. 쉽게 말하면 예금의 성격을 가진 금융상품이다.

이런 상품은 생각보다 많다. 여러분은 그저 이 상품 중에서 높은 금리를 제시하는 상품을 골라 쇼핑을 즐기면 된다. 다만 어떤 상품은 예금자보호법으로 5,000만 원까지 보장받고, 어떤 상품은 예금자보호법 적용을 받지 못하는 차이가 있을 뿐이다.

〈 KB증권 홈페이지 - 펀드마켓 〉

　지금이라도 1% 이상 금리를 더 받기 위해 금융상품 쇼핑 동선을 저축은행, 마을금고, 종금사, 증권사로 바꾸기 바란다. 저금리 시대일수록 금리 1%를 더 받는 일은 너무나 소중하기 때문이다. 월급쟁이 부자는 모두 이런 과정을 거쳐서 경제적 자유를 얻었음을 잊지 말자.

은행예금보다 짭짤한 채권

채권(債券, bond)은 국가, 지자체, 기업이 자금을 조달하기 위해 발행하는 유가증권(有價證券, securities)이다. 쉬운 말로 채권은 돈을 빌렸다는 차용증 같은 것이다.

개인끼리 돈을 빌려줄 때를 생각해 보자. 차용증에 원금, 이자율, 이자 지급방법, 상환일을 적고 돈을 빌린다. 채권도 차용증과 비슷하다. 다만 채권은 정부, 은행, 일정 요건을 갖춘 기업이 발행한다는 점이 다르다.

결국 채권은 돈을 빌리기 위해 발행하는 것이다. 정부나 지자체가 발행하는 채권은 국공채라 하고, 금융회사가 영업자금을 조달하기 위해 발행하는 채권은 금융채라 하며, 기업이 사업자금을 조달하기 위해 발행하는 채권은 회사채라고 한다. 이를 통칭하여 채권이라 부른다.

잘나가는 반도체 기업 S전자가 새로 큰 공장을 짓기 위해 100억 원이 필요하다고 하자. S전자는 돈을 어떻게 마련할까? 은행에서 대출

구분	내용
국채	정부가 원리금을 보증하기 때문에 안정성과 신용도가 가장 높다. 예) 국민주택채권, 외평채(외국환평형기금채권) 등
지방채	지방자치단체가 발행하는 채권. 예) 도시철도채권, 도로공채 등
특수채	법으로 정한 공공기관에서 발행하는 채권. 예) 한국전력공사채권, 서울지하철공사채권 등
금융채	금융기관에서 발행한 채권 예) 산업금융채권, 카드채 등
회사채	요건을 갖춘 주식회사가 발행하는 채권.

을 받거나, 신주를 발행하거나, 채권을 발행하는 방법 등이 있다. 그런데 은행 대출은 까다롭고 신주 발행은 주주들이 반대한다.

결국 S전자는 3년 만기 채권을 발행하기로 했다. S전자가 발행한 100만 원짜리 채권에는 발행자, 발행금액, 발행일, 상환일, 이자율 등이 적혀 있다. 채권은 아래와 같은 형식으로 구성된다. 액면가는 '일백만원'이고 이자율은 연 3.0%이며 만기일은 2023년 1월 5일이다.

채권

금일백만원

발행일: 2020.1.5
상환일: 2023.1.5
이자율: 연 3.0%

주식회사 OOOO

우리가 채권으로 돈을 버는 방법은 두 가지다.

첫 번째는 채권 표면에 적힌 이자를 받는 것이다. 회사 신용등급에 따라 금리가 다르지만 은행예금이나 적금보다 높은 이자를 챙길 수 있다. 이자소득에 대한 세금 15.4%만 내면 된다.

두 번째는 채권을 사고팔아서 매매차익을 내는 것이다. 쉽게 말하면 액면가 100만 원짜리 채권이 102만 원이 될 수도 있다는 뜻이다. 채권값이 오르면 바로 팔아서 차익을 취하면 된다. 채권 매매차익에 대한 세금도 없으니 금상첨화다. 물론 채권값이 떨어져서 98만 원이 될 수도 있다. 하지만 채권값이 떨어져도 손해는 없다. 만기 때까지 보유해서 원금과 이자를 받으면 된다.

그런데 채권값은 왜 오르고 내리는 것일까? 채권값은 금리의 영향을 받기 때문이다. 금리가 내리면 채권값이 오르고, 금리가 오르면 채권값이 떨어진다.

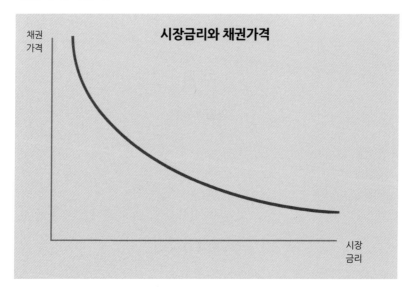

예를 들어 현재 시장금리는 1.5%인데 S전자가 연 3% 이자를 주는 3년 만기 채권을 발행했다. 1년 후 시장금리가 내려가서 연 1.0%가 되었다. 이때 S전자의 연 3% 이자를 주는 채권은 매력적인 상품이 된다. 100만 원을 은행에 넣으면 매년 1만 원의 이자를 받지만, S전자의 100만 원짜리 채권은 매년 3만 원의 이자를 받기 때문이다. 이 가치가 반영되어 채권값이 오르는 것이다.

채권을 너무 복잡하고 어렵게 생각할 필요는 없다. 우리는 평범한 개인 투자자다. 쉽게 생각하자. 우리는 채권에 투자할 때 금리 흐름이 중요하다는 점만 기억하면 된다. 즉 금리가 떨어질 것으로 보일 때 채권을 사면 좋다. 이왕 채권을 산 김에 채권값도 오르면 좋으니 말이다.

앞으로 금리가 오를지 떨어질지 모르겠다면 절대 망하지 않을 것 같은 우량 회사의 채권을 사면 된다. 채권의 이자만 잘 챙겨도 남는 장사다. 시세차익은 보너스로 생각하면 된다.

어떤가? 채권이 좋아 보이는가? 그런데 직접 채권투자를 해 본 사람은 없을 것이다. 주변에서 채권에 투자하는 사람도 못 봤을 것이다. 왜 그럴까? 원래 채권은 큰돈이 오가는 시장이기 때문이다. 세계 금융시장에서 채권시장의 규모는 증권시장보다 훨씬 크다. 즉 오가는 돈의 단위가 다르다. 그래서 개인은 채권을 직접 살 기회조차 없다.

하지만 지금은 증권사 금융몰을 통해 개인도 소액으로 쉽게 채권투자를 할 수 있다. 기업이 발행한 채권을 증권사가 가져와서 소액으로 쪼개 팔기 때문이다. 따라서 개인도 소액으로 투자할 수 있고 은행예금보다 최소 1%~2% 높은 금리를 받을 수 있다.

그럼 우리는 어떤 채권에 투자해야 할까? 국가가 지급을 보장하는 국고채는 금리가 낮다. 삼성전자 같은 초우량기업도 국공채 수준의 금리로 채권을 발행한다. 이런 채권은 금리가 낮아 매력이 떨어진다.

개인은 BBB- 또는 BBB+ 등급의 회사가 발행한 채권을 고르는 것이 좋다. 은행예금보다 짭짤한 금리를 챙길 수 있고 회사가 망할 가능성이 낮기 때문이다.

반면에 BBB- 등급보다 낮게 분류된 기업은 더 높은 금리로 채권을 발행한다. 이런 회사채는 고수익을 얻을 수 있지만 위험성이 크다는 점을 잊지 말자.

실전 채권투자, 이렇게 한다

앞서 채권 투자가 왜 좋은지 살펴봤다. 채권투자는 쉽다. 증권사에서 주식을 거래하는 것과 비슷하다. 여기서는 개인이 가장 많이 사용하는 키움증권을 통해 투자할 것이다. 키움증권 홈페이지에 공인인증서로 로그인하고, '자산관리' 메뉴에 마우스를 올리면 아래와 같은 화면이 나온다. 여기서 '채권매매' 메뉴를 선택한다.

아래와 같은 화면이 나온다. 목록에 나온 채권 중 수익률이 높고 신용등급이 높은 채권을 골라 매수하면 된다. 특별히 어려운 것은 없다. 한 번도 해 보지 않아서 두려운 것뿐이다.

종목명 (종목코드)	매수 수익률 (연)	세후 수익률 (연)	세전 은행환산 수익률 (연)	매매 단가	주문가능 수량(천원)	만기 일자	잔존 일수	신용 등급	매수하기/ 발행정보	신용자료 보러가기
신규 한화건설102-2 (KR6068922998)	3.35%	2.82%	3.33%	10,058.00	994,900	2022/09/20	2년310일	BBB+	매수 발행정보 가상매매	가상매매 신용
신규 특판 제이티비씨10 (KR6140481997)	3.25%	2.74%	3.23%	10,062.00	901,210	2021/09/10	1년300일	BBB+	매수 발행정보 가상매매	한기팔 한신팔
AJ네트웍스36-2 (KR6095572972)	3.48%	2.94%	3.48%	10,019.00	1,000,000	2022/07/22	2년250일	BBB+	매수 발행정보 가상매매	한기팔 한신팔

'세전 은행환산 수익률'은 은행 예금금리와 비교할 때 사용한다. 채권은 은행 예금금리보다 1~2% 정도 높은 이자를 받는다는 사실을 알 수 있다. '세후수익률'은 실제 세후 투자 수익률을 말한다.

실제로 '한화건설 102-2'를 매수할 것이다. 매수하기 전에 먼저 '발행정보' 버튼을 눌러 보자. 다음과 같은 화면이 나온다. 채권 유형은 회사채이고, 발행이율(표면이율)은 연 3.38%이며, 만기일은 2022년 9월 20일이다.

이 금융상품은 예금자보호법에 따라 예금보험공사가 보호하지 않습니다."라는 문구도 보인다. 그러나 걱정하지 않아도 좋다. 한화건설 신용등급은 BBB+으로 투자 적격 채권이다. 회사가 파산할 위험도는 매우 낮다.

채권 발행정보 ✕

종목코드	KR6068922998	종목명	한화건설102-2
채권유형	회사채	보증구분	무보증
상장일	2019/09/20	매출일	2019/09/20
발행일	2019/09/20	만기일	2022/09/20
발행이율	3.38	이자지급방법	고정부이표
할인율	0.00	이자지급주기	3개월
잔존일수	2년310일	총 발행수량(천)	45,000,000
대용가격	8,310	평가단가	10,029
신용등급	BBB+	투자등급	중위험

❶ 이 금융상품은 **예금자보호법에 따라 예금보험공사가 보호하지 않습니다.** 시황 및 경과기간 등에 따라 수익률과 가격등이 변동될 수 있습니다.

여기서 눈여겨볼 점은 '이자지급방법 고정부이표'와 '이자지급주기 3개월'이다. 이것은 연 3.38%의 이자를 4번에 나눠서 준다는 뜻이다. 즉 이 채권을 사면 3개월마다 0.845%의 이자를 받는다. 대부분의 회사채는 이처럼 3개월마다 이자를 지급한다.

좀 더 자세한 사항을 알고 싶다면 '가상매매'를 눌러보자. 상세한 내용이 나온다. 2019년 11월 14일에 100,580원을 투자하면 2022년 9월 20일에 세후 108,768원을 받는다는 것을 알 수 있다.

기초적인 내용을 알았으니 이제 소액으로 채권투자를 맛보도록 하자. '매수' 버튼을 누르면 아래 화면이 나온다. '매수수량'에 100을 입력하고 '조회' 버튼을 누르자. 그럼 '매수금액'이 100,580원으로 나온다. '매수신청' 버튼을 눌러 매수하자. (참고로 매수수량에 10을 입력하면 단돈만 원으로 채권을 매수할 수 있다.)

아래와 같이 매수단가와 수익률을 확인하는 화면이 나온다. '확인'을 누르자.

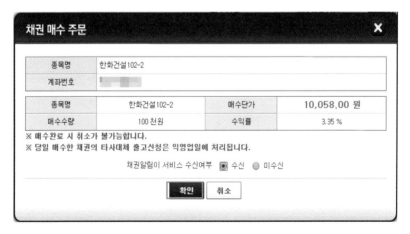

'한화건설 102-2' 회사채가 매수되었다. 계좌를 확인해 보자. 아래와 같이 채권잔고가 표시된다. 정상적으로 매수되었음을 알 수 있다. 그런데 사자마자 손익률이 −0.29%로 나온다. 거래할 때 부과되는 수수료 때문이다. 키움증권은 채권의 잔존기간 1년 미만 0.1%, 잔존기간 1~2년 0.2%, 잔존기간 2년 이상 0.3%의 수수료를 부과한다.

채권잔고	주문내역	예약매수					
총투자원금	100,580	총평가금액(세전)	100,286	총수익률(%)	-0.29	예수금	
종목코드	종목명	보유수량	세제지원구분	매입단가	현재가	평가금액	손익률
KR6068922998	한화건설102-2	100	일반	10,058.00	10,028.63	100,286	-0.29%

키움증권은 개인이 사용하기 편리하게 구성되어 있다. 아쉬운 점도 있는데 키움증권은 회사채를 매도할 수 없다. 그저 만기 때까지 기다려야 한다. 그렇다고 키움증권의 모든 채권을 매도할 수 없는 건 아니다. 채권 종류에 따라 다르다. 아래는 미래에셋대우증권사로 자유롭게 사고팔 수 있다. 각자 이용하는 증권사를 통해 확인하기 바란다.

나는 금융상품 투자의 정점은 채권투자라고 생각한다. 채권은 은행권의 금융상품처럼 확정금리 이자를 지급하는 상품이다. 특히 회사채는 3개월마다 이자를 지급하니 이자에 의존해 생활하는 노년층에게 적합하다. 다만 예금자보호가 되지 않으니 채권의 안전성을 꼼꼼하게 점검하자.

이 구역의 황제는 나야, CP

기업은 경영에 필요한 자금을 조달하기 위해 은행을 이용하거나, 주식을 발행하거나, 채권을 발행한다. 이외에 CP(Commercial Paper)를 발행하기도 한다. CP는 '기업어음' 또는 '자유금리 기업어음'이라고도 부른다. 쉽게 말하면 CP는 '기업이 신용을 바탕으로 단기적으로 돈을 빌릴 때 발행하는 어음'이다.

그렇다면 어음은 뭘까? 어음은 돈의 지급을 약속하는 문서다. 어음에는 "언제까지 얼마를 지급하겠다"라는 내용이 담긴다.

약속어음
금일억원

위의 금액을 귀하 또는 귀하의 지시인에게 이 약속어음과 상환하여 지급하겠습니다.

지급기일   발행일
지 급 지   발행지
지급장소 ○○은행   주 소
                       발행인

예를 들어 A라는 중소기업이 자동차 부품을 만들어서 완성차 업체에 납품하고 현금이 아닌 어음을 받는다. A기업은 지급기일에 지정한 은행에서 이 어음을 현금으로 바꿀 수 있다. 이렇게 물건이나 서비스를 받고 그 대가로 발행하는 어음을 '진성어음'이라 한다. 다른 말로 '물대어음(물품대금어음)'이라고도 한다.

그런데 물건이나 서비스의 대가로 발행하는 어음만 있는 것은 아니다. 예를 들어 "9,700만 원만 빌려줘. 3개월 후에 1억 원을 줄게." 이런 식의 어음을 발행할 수도 있다. 즉 직접적인 상거래 없이 돈을 빌려주고 이자를 받는 셈이다. 이것을 '융통어음'이라고 한다.

CP는 이런 융통어음을 말한다고 생각하면 이해가 쉽다. 여기서 문득 이런 의문이 드는 사람도 있을 것이다. "채권도 돈을 빌려주고 받는 문서고, 어음도 돈을 빌려주고 받는 문서라고? 둘은 대체 뭐가 다르지?"라고 말이다.

채권과 CP의 본질은 같지만 세부적으로 보면 다르다. 채권은 발행절차가 복잡하다. 이사회 승인도 받아야 하고, 증권사 수요예측도 하고, 금융당국에 신고도 해야 한다. 반면에 CP는 발행절차가 간편하다. 이사회 의결과 신고 등의 의무가 없다. 그래서 절차가 간편한 CP를 발행하여 단기자금을 조달하는 것이다.

CP는 단기 금융상품의 황제로 불린다. 투자기간이 짧고 고수익을 얻을 수 있기 때문이다. CP도 채권처럼 기업 신용도에 따라 금리가 다르다. 신용등급이 높은 기업은 CP 금리가 낮고, 반대로 신용등급이 낮은 기업은 CP 금리가 높다. 따라서 CP 상품을 잘 고르면 고수익을 올릴 수 있다. 단 고수익만을 노리고 신용등급이 낮은 CP에 투자하면 원금을 잃을 수도 있다. CP를 둘러싼 사건이 종종 발생하기 때문이다.

2010년 LIG건설 CP 사건이 기억나는가? 당시 건설 경기 침체로 어려워진 LIG건설은 1,800억 원대의 CP를 발행했고, 이를 사들인 8,000명의 투자자는 큰 손해를 보았다.

2013년 동양그룹 사건도 마찬가지다. 경영이 어려워진 동양그룹은 계열사인 동양증권을 통해 회사채와 CP를 잘게 쪼개서 개인에게 판매하였다. 당시 CP 금리는 7~8%에 달했었다. 이를 사들인 개인 투자자 41,000명은 1조 6,000억 원의 손해를 보았다.

우리가 금융을 제대로 알고 공부해야 하는 이유는 재테크로 돈을 불리기 위해서지만, 몰라서 손해 보는 일을 방지하기 위해서이기도 하다.

그럼 CP는 어디에서 어떻게 투자할까? 채권과 마찬가지로 증권사 금융몰에서 한다. CP 상품 목록을 보고 우량한 신용등급의 기업에서 발행한 만족스러운 금리를 주는 CP를 고르면 된다. KB증권에서 CP를 취급하니 직접 살펴보기 바란다.

KB증권 금융몰에는 ABCP(Asset Backed Commercial Paper)라는 상품 설명이 나온다. ABCP는 CP의 일종으로, 특별한 것은 아니다. 일반 CP는 무담보로 발행하고, ABCP는 매출채권, 주택저당증권(MBS) 등을 담보로 발행한다는 차이만 있을 뿐이다. 우리는 모두 CP라고 생각하면 된다.

저금리를 넘어 마이너스 금리 시대가 다가오고 있다. 그런데도 한국은행은 시장에 계속 금리인하 신호를 보낸다. 앞으로 마이너스 금리 시대는 곧 현실이 될 가능성이 크다. 이런 상황에서 발행기업의 신용등급이 곧 금리가 되는 시장실세금리형 금융상품은 목돈을 만들고 불리는 데 큰 도움이 될 것이다.

다양한 단기실세금리 상품들

흔히 '단기상품'이라 하면 은행의 보통예금을 떠올린다. 그런데 보통예금 외에도 단기상품은 많다. 사람들이 잘 모르고 있을 뿐이다. 대표적으로 CP, 표지어음, 발행어음, MMF, CMA 발행어음, CMA RP, CMA MMF 등이 있다.

이것들을 '단기실세금리 상품'이라고 한다. '실세금리 상품'은 특별히 어려운 말이 아니다. 시장원리에 의해 금리가 결정되는 상품이라는 의미다.

여기서는 몇몇 용어와 상품을 간략히 살펴보자. 설명이 이해가 되지 않아도 실망할 필요는 없다. 단기실세금리 투자를 할 때 상품의 완벽한 이해는 중요하지 않기 때문이다.

우리는 금융상품 설계자가 아니다. 그저 금융 쇼핑몰에 진열된 다양한 상품을 둘러보고, 안전하면서도 괜찮은 금리를 주는 알찬 녀석을 고르면 된다.

RP(Repurchase Agreements, 환매조건부 채권)

일반적으로 채권은 만기까지 보유하고 원금과 약속된 확정이자를 받는다. 만기 전에 채권을 매도하면 이익을 볼 수도 있지만 원금을 잃을 수도 있다. 그런데 RP는 그렇지 않다. RP는 금융기관이 나중에 다시 되사는(buy back) 조건으로 고객에게 채권을 파는 상품이기 때문이다.

예를 들어 증권사가 10년 만기, 금리 연 2.5% 국채를 보유하고 있다. 증권사가 이 채권을 소액으로 쪼개 팔면서 "고객님, 이 채권을 사시면 30일 후에 연 1.5% 금리를 드리고 다시 되살게요."라고 말하는 것과 같다. 고객은 단기로 확정된 금리를 받을 수 있어 좋다. 증권사는 증권사대로 고객에게 받은 돈을 굴려 더 높은 수익을 얻을 수 있다. 수수료도 받으니 좋다. 즉 RP는 채권의 유동성을 높이고 시장에 자금이 잘 돌게 만드는 역할을 한다.

RP는 채권이 바탕이므로 예금자보호법으로 보호받지 못한다. 그러나 RP는 국고채, 지방채, 은행채 등의 우량 채권에 투자하므로 안전성이 높다. 아래는 키움증권의 RP 매수 화면이다. 7일 기준으로 연 1.05%, 60일 기준으로 연 1.25% 금리를 받을 수 있다. 단기로 자금을 굴릴 때 유용하게 활용할 수 있다.

RP 매수	RP 매도	RP 매매취소	RP 잔고조회

RP 매수   STEP 1 상품선택   STEP 2   STEP 3

상품명	기간	약정만기 이율(%)	중도해지 이율(%)	만기후 이율(%)	매수가능한도(원)	매수하기
일반RP(30일)	30일	1.15%	0.50%	0.50%	1,512,440,000	선택
일반RP(15일)	15일	1.10%	0.50%	0.50%	1,495,680,000	선택
일반RP(7일)	7일	1.05%	0.50%	0.50%	1,047,190,000	선택
일반RP(60일)	60일	1.25%	0.50%	0.50%	719,010,000	선택

MMF(Money Market Fund, 단기금융펀드)

MMF는 대표적인 단기금융상품이다. 단어에 '펀드'라는 말이 들어가 있다. 따라서 이것은 우리가 아는 바로 그 '펀드'다. MMF는 자산운용사가 얼마나 돈을 잘 굴리냐에 따라 수익률이 결정된다.

펀드는 예금자보호를 받지 못하니, 원금을 잃을 위험이 있다고 생각할 수도 있다. 하지만 MMF는 투자기간이 짧은 CP, CD(certificate of deposit, 양도성 예금증서) 등의 단기금융상품에만 투자하도록 법으로 정해져 있다. 따라서 안정적인 상품으로 생각해도 된다.

금융투자협회(http://fundamoa.kofia.or.kr)의 '펀드다모아' 메뉴 또는 네이버 금융 섹션 검색창에 'MMF'라고 입력하여, 다양한 MMF를 살펴보기 바란다. 수익률 차이가 크지 않다면, 평소 이용하는 증권사에서 판매하는 MMF 상품에 투자하면 편리할 것이다.

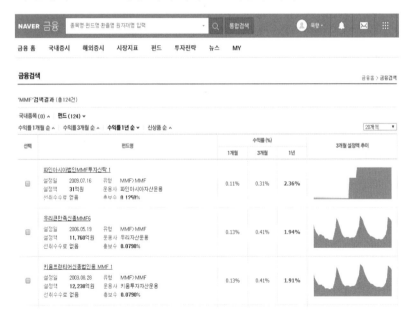

발행어음

발행어음은 증권사나 종금사가 신용으로 어음을 발행하여 일반 투자자에게 파는 상품으로, 일종의 채권이다. 쉽게 말하면 우리가 증권사나 종금사에 대출을 해주고 이자를 받는 것이다. 종금사나 증권사는 고객에게 받은 돈으로 더 높은 수익을 내는 상품에 투자한다.

아래는 2019년 11월 23일 기준으로 NH투자증권의 발행어음 상품이다. 비교적 높은 확정금리를 주는 것이 확인된다. 특히 적립형 발행어음은 연 2.5%다. 한국투자증권의 적립식 발행어음 상품은 연 2.8%로 금리가 더 높다. 발행어음은 모든 증권사에서 취급하지는 않으니 각자 이용하는 증권사를 통해 확인하기 바란다.

□ 원화 발행어음 수익률
(기준일 : 2019.10.17 / 연, 세전)

상품명	투자기간(일)	약정수익률		중도인출 수익률	최소가입금액
		개인	법인		
NH QV CMA 발행어음	수시	1.30%	-	1.30%	1만원
NH QV 발행어음(수시)	수시	-	1.25%	1.25%	100만원
NH QV 발행어음(2~90일)	2~90	1.30%	1.25%	약정수익률의 50%	100만원
NH QV 발행어음(91~365일)	91~180	1.40%	1.35%		
	181~364	1.55%	1.50%		
	365	1.70%	1.65%		
NH QV 적립형 발행어음	365	2.50%	-	1.00%	월 10만원

발행어음에 투자할 때 주의할 점이 있다. 종금사에서 발행하는 발행어음은 예금자보호법으로 5,000만 원까지 보장받지만, 증권사에서 발행하는 발행어음은 예금자보호를 받지 못한다. 그렇다면 발행어음투자는 위험하지 않을까 걱정할 수도 있을 것이다.

너무 걱정하지 않아도 된다. 증권사 발행어음은 자기자본 4조 원이상인 증권사 중 금융당국에서 허가한 증권사만 발행할 수 있기 때문이다. 또한 자기자본의 200%까지만 발행할 수 있다. 따라서 위험성은 매우 낮다고 보면 된다.

지금까지 살펴본 RP, MMF, 발행어음은 꼭 기억해야 한다. CMA 상품은 이것들이 기초가 되기 때문이다.

이제부터 다룰 표지어음, 주택저당증권(MBS)은 증권사 금융몰에서 접하기 어려우니 개념만 가볍게 익혀두면 된다.

표지어음

은행은 어음을 할인하여 기업에 돈을 공급해 준다. 그런데 어음의 종류가 너무 많고 금액과 지급기일이 모두 다르다. 따라서 이 어음을 사고팔고 유통하기 어렵다.

이러한 불편을 덜기 위해 은행은 기업이 발행한 여러 가지 어음을 묶어 별도의 자체 어음을 발행한다. 이것이 바로 표지어음이다. 은행은 표지어음을 일반 투자자에게 판매한다.

주택저당증권(MBS, Mortgage Backed Securities)

은행이 주택을 담보로 잡고 돈을 빌려주면 은행은 원리금을 회수할 권리인 주택저당채권을 가진다. 이 주택저당채권을 기초자산으로 별도의 증권(securities)을 발행하여 시장에 판매할 수 있다. 이것이 바로 주택저당증권(MBS)이다.

은행은 자금을 조기에 회수하여 또 다른 대출을 해줄 수 있고, 돈이 필요한 사람도 쉽게 대출을 받을 수 있다. 시장에 돈을 공급하고 회전시키는 데 도움이 된다.

CMA 완전정복

CMA(Cash Management Account)라는 말을 들어보지 않은 사람은 없다. 그런데 실제 CMA가 무엇인지는 잘 모르는 경우가 많다. CMA는 쉽게 말하면 '종합자산관리 계좌'다. 은행의 보통예금 통장과 다를 바 없다. CMA는 증권사와 종금사(종합금융회사)에서 취급한다.

은행 금리는 0.1% 수준이지만 CMA 금리는 연 1% 수준이다. CMA 금리가 훨씬 높다. 왜 CMA 금리가 훨씬 더 높을까? 증권사나 종금사가 고객이 넣은 돈을 단기 금융상품에 투자하여 돈을 불리고 매일매일 수익을 나눠주기 때문이다.

CMA 계좌는 하루만 맡겨도 연 1% 수준의 이자를 주는 것이 장점이다. 또한 입출금이 자유롭고, 자동이체, 인터넷뱅킹 등의 서비스도 된다. 일반 은행계좌와 다를 바 없다.

CMA에는 CMA RP형, CMA MMF형, CMA MMW형, CMA 발행어음형 등이 있다. 하나씩 살펴보자.

CMA RP형

CMA RP형은 우리가 평소에 많이 들어본 상품이다. 여기에 돈을 넣으면 증권사는 주로 RP(환매조건부채권)에 투자하여 돈을 굴린다. 아래는 메리츠종금증권의 CMA RP로 금리는 연 1% 수준이다. 다른 곳도 1% 전후로 비슷하다. 몇몇 증권사는 조건부로 높은 금리를 주기도 한다. 2019년 11월 기준으로 삼성증권은 급여이체, 공과금자동이체 등의 조건으로 6개월간 2.45% ~ 2.95% 금리를 준다.

◆ 주요 상품내용

CMA 명칭	CMA(RP형)
유형	증권형
자동투자상품	RP
예금자보호주) 여부	예금자 보호 안됨
계좌매매기능	채권,CD,CP,RP,집합투자증권,장외파생,해외뮤추얼펀드,소액채권

주1) 이 금융상품은 예금자보호법에 따라 예금보험공사가 보호하지 않습니다.

CMA MMF형

CMA MMF형은 말 그대로 MMF에 투자하는 CMA 계좌를 말한다. 고객의 돈은 자산운용사로 들어가고 자산운용사는 단기 CP(기업어음)나 CD(양도성예금증서)에 투자하여 수익을 낸다. 아래는 한국투자증권의 CMA MMF형 상품이다. 이 상품은 약정금리가 없다. 펀드를 얼마나 잘 굴렸냐에 따라 수익률이 결정된다.

MMF 투자형 수익률(운용 MMF 종목 수익률/실적 배당) 기준일 : 2019.11.22 (세전)

구분	1주일 수익률	1개월 수익률	3개월 수익률	6개월 수익률	12개월 수익률
한국신종MMF3호	연 1.40 %	연 1.31 %	연 1.37 %	연 1.48 %	연 1.61 %
플러스신종MMF2	연 1.40 %	연 1.36 %	연 1.39 %	연 1.48 %	연 1.62 %
동부New해오름 MMF3	연 1.40 %	연 1.33 %	연 1.36 %	연 1.46 %	연 1.59 %

CMA MMW형

CMA MMW형은 먼저 용어부터 짚어보자. MMW는 Money Market Wrap의 약자다. CMA MMW는 고객과 증권사가 랩(wrap) 계약을 체결하고, 증권사는 주로 '한국증권금융 예수금' 등에 투자하여 돈을 굴리는 상품이다. 이 상품은 온라인으로 가입이 안 된다. 직접 지점에 방문하여 랩(wrap) 계약을 맺고 계좌를 만들어야 한다.

이 상품도 약정금리가 없고 실적에 따라 수익률이 결정된다. 가입절차가 복잡하여 개인에게 인기 있는 상품은 아니다. 아래는 메리츠종금증권의 상품소개다. 0.05%의 랩 수수료가 부과되는 것이 특징이다.

주요 상품내용

CMA 명칭	CMA(MMW형)
유형	증권형
자동투자상품	MMW
예금자보호 여부	예금자 보호 안됨
계좌매매기능	채권,CD,CP,RP,집합투자증권,장외파생,해외뮤추얼펀드,소액채권
수수료 및 과세	랩수수료(연0.05%) 영업일별 일일정산(이자 및 세금발생)

CMA 발행어음형

CMA 발행어음형은 고객이 맡긴 돈을 발행어음에 투자하여 굴리는 상품이다. 최근에 생긴 상품으로 금리는 높은 편이다. 2019년 11월 23일 기준으로 NH투자증권과 한국투자증권의 CMA 발행어음형은 약정금리 1.3%이다.

CMA 발행어음형은 2019년 11월 현재 모든 증권사에서 취급하고 있지는 않다. 각자 사용하는 증권사를 통해 확인하기 바란다.

구분	대상	1일	2일 이상
수익률	개인	연 1.30 %	당시 CMA 수익률 적용
	법인	연 1.30 %	당시 CMA 수익률 적용

CMA 핵심을 정리하면 다음과 같다.

첫째, CMA는 은행 보통예금 통장과 같은 역할을 한다.

둘째, 고객이 맡긴 돈을 안정적인 단기금융상품에 투자하여 매일매일 이익금을 나눠준다.

셋째, 종금사의 CMA 발행어음형은 예금자보호법으로 보호받는다. 나머지 CMA는 보호 대상이 아니다.

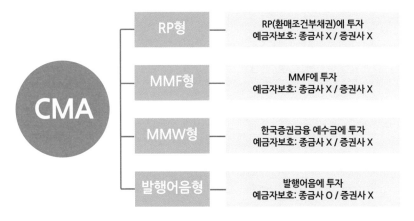

CMA 개념을 확실히 익혔으면 이제 손품을 팔아 금융몰을 뒤져서 좋은 녀석을 골라 쇼핑백에 담으면 된다. 그런데 막상 이것을 직접 하려면 굉장히 귀찮고 번거롭다. 그래서 준비했다. 2018년 11월 24일 기준으로 국내 주요 금융사의 CMA RP, CMA 발행어음 상품을 비교한 표다. 이체수수료도 정리하였으니 쇼핑에 참고하기 바란다.

금융회사	CMA 유형	세전 수익률	예금자 보호	이체 수수료	비고
메리츠 종금증권	RP	1.0%	X	500원	2020년 4월 5일부로 종합금융업 라이선스 만료 되어 가입 불가
	발행어음		O		
우리 종합금융	CMA NOTE	1.3%	O	월20회 무료, 이후 500원	종금사로 예금자 보호 되는 것이 특징
KB증권	RP	1.0%	X	조건부 무료 (급여이체 등)	
	발행어음	1.3%	X		
한국 투자증권	RP	0.95%	X	조건부 무료 (체크카드 실적)	
	발행어음	1.3%	X		
NH 투자증권	RP	0.85%	X	무료	
	발행어음	1.3%	X		
IBK 투자증권	RP	1.2%	X	무료	
대신증권	RP 국공채	1.1%	X	무료	
	RP 회사채	1.15%	X		
삼성증권	RP	0.9%	X	조건부 무료 (급여이체 등)	조건 충족 시 6개월간 2.45%~2.95% 금리
신한 투자증권	RP	1.0%	X	조건부 무료 (급여이체 등)	
DB 금융투자	RP	1.2%	X	조건부 무료 (평균잔액 등)	
SK증권	RP	1.15%	X	조건부 무료 (급여이체 등)	
유안타 증권	RP	1.1%	X	조건부 무료 (평균잔액 등)	

우리종합금융의 CMA는 1.3% 금리에 예금자보호가 되는 것이 특징이다. KB증권, NH투자증권, 한국투자증권의 발행어음형 CMA 상품 수익률은 1.3%이다. 대개 1% 수준으로 수익률에 큰 차이는 없다.

평소 현금 이체가 많은 사람은 이체수수료가 무료인 증권사를 선택해라. 현금 입출금이 많은 사람은 ATM이 많고 출금수수료가 싼 증권사를 고르는 것이 좋다.

편리한 인터넷은행 상품들

혹시 앞서 소개한 단기금융상품들이 너무 복잡하고 어려운가? 그렇다면 카카오뱅크나 케이뱅크 같은 인터넷전문은행 상품이 안성맞춤이다. 금리 혜택도 좋고 사용하기 편리하기 때문이다.

그런데 의외로 카카오뱅크나 케이뱅크의 안전성에 의문을 가진 분들이 많다. 불안해 하지 않아도 된다. 카카오뱅크와 케이뱅크도 1금융권이고 예금자보호법으로 보호된다. 따라서 1인당 원금과 이자를 포함하여 5,000만 원까지 안전하다. 하나씩 살펴보자.

카카오뱅크

카카오뱅크는 설립 2년 만에 1,000만 가입자를 모을 정도로 폭발적인 성장세를 보여줬다. 카카오뱅크는 스마트폰과 신분증만 있으면 가입할 수 있다. 우선 카카오뱅크는 공인인증서가 필요 없다. 1,000만 원 미만 금액은 6자리 비밀번호만 입력하면 즉시 이체되고, 1,000만 원 이상은 OTP 번호를 입력하면 이체된다. 이체수수료도 0원이다. 사용하기 편리한 인터페이스로 구성되어 복잡하고 귀찮은 것을 싫어하는 사람에게 좋다.

카카오뱅크에 로그인하면 계좌 목록이 보인다. 급여를 받거나 자동이체를 위한 메인 통장과 월세 통장 식으로 나눠 용도별로 관리하면 편리하다.

카카오뱅크에는 마이너스 300만 원까지 출금 가능한 '비상금' 기능이 있어 유용하다. 쉽게 말하면 기본적으로 제공되는 마이너스 통장이다. 예를 들어 통장 잔고가 500만 원이라면 800만 원까지 바로 출금할 수 있다. 금리는 4% 수준이다. 급전이 필요할 때

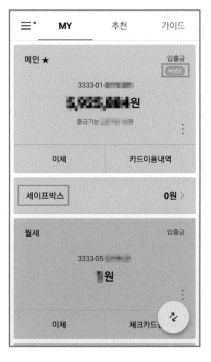

언제든 꺼내 쓰고 돈이 생기면 갚으면 된다.

'세이프박스' 기능도 유용하다. 세이프박스에는 최대 1,000만 원까지 보관할 수 있으며 하루를 맡겨도 연 1% 금리를 준다. 돈이 필요할 때는 언제든 꺼낼 수 있다. 연 1% 금리를 받는 단기상품으로 보면 된다. 세이프박스는 통장마다 하나씩 만들 수 있으니 필요한 만큼 만들고 여윳돈을 넣어두면 된다. 다음 그림처럼 막대 바를 상하로 움직여 금액을 넣고 뺀다.

이외에도 카카오뱅크에는 다양한 상품이 많다. 정기예금과 자유적금 등이 있다. 가입과 해지가 간편하고 1.5~2.0% 수준의 금리를 준다. 여윳돈이 있을 때 잘 활용하기 바란다.

케이뱅크

케이뱅크는 카카오뱅크만큼 선풍적인 인기를 끌지는 않았지만 꾸준히 성장하고 있다. 사용자 편의성도 카카오뱅크에 떨어지지 않는다. 이체수수료도 무료다.

케이뱅크에도 카카오뱅크의 비상금 기능이 있어 마이너스 300만 원까지 언제든 꺼내 쓸 수 있다. 또한 세이프박스와 비슷한 기능도 있다. 공식명칭은 '남길금액'이다.

'남길금액'을 선택하면 위와 같은 화면이 나온다. 여기서 막대 바를 좌우로 움직여 남길 금액을 조절할 수 있다. 최대 1억 원까지 남길 수 있고 금리는 연 1.1%이다. 단 30일 동안 남겨놔야 한다. 임시로 목돈을 맡기기에 아주 좋다.

케이뱅크의 안전성이 불안한 사람도 있을 것이다. 그렇다면 예금자 보호를 받는 5,000만 원만 맡기면 된다. 이외에도 다양한 예금, 적금 상품이 준비되어 있으니 직접 확인하기 바란다.

뱅크샐러드 & 핀크

최근에는 인터넷은행 말고도 유용하고 편리한 금융 앱이 많다. 대표적으로 뱅크샐러드(https://banksalad.com)와 핀크(https://www.finnq.com)

등이 있다.

　뱅크샐러드는 500만 명이 내려받은 인기 앱이다. 여기서는 다양한 금융상품을 쉽게 확인하고, 내 통장, 보험, 부동산 자산을 통합하여 관리할 수 있다.

　핀크는 하나은행과 SK텔레콤이 운영하며 100만 이상이 내려받았다. 핀크는 특판 고금리 예금, 적금 상품을 판다. 몇 가지 조건을 충족하면 최대 4~5% 금리를 받을 수 있다. 관심 있는 분들은 앱을 내려받아 직접 확인하기 바란다.

금융상품 종합 비교

　지금까지 채권, CP, RP, MMF, 발행어음, CMA 등 다양한 금융상품을 살펴봤다. 각 상품을 종합하여 비교하면 다음과 같다.

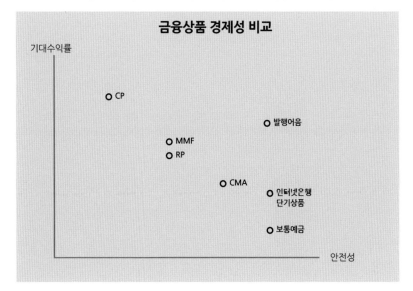

여기서 가장 돋보이는 상품은 발행어음이다. 기대수익률이 높으면서 안전성도 좋다. CP는 기대수익률이 가장 높지만 위험성이 높다. 물론 여기서 위험성이 높다는 말은 상대적인 관점이다. MMF, RP, CMA는 중간 정도의 기대수익률과 안전성을 보인다. 인터넷뱅킹 단기상품은 CMA보다는 조금 떨어지지만 준수한 기대수익률에 보통예금처럼 예금자 보호가 되어 안전하다.

이제 정리하자. 단기 금융상품은 우리의 목표인 경제적 자유를 이루기 위한 징검다리다. 검은 고양이든 흰 고양이든 쥐만 잘 잡으면 된다. 우리는 그때그때 적당한 고양이를 골라서 쥐를 잘 잡도록 하자.

주식투자는 적립식이 최고다

나는 늘 "금리가 돈의 무게를 결정한다."라고 말해왔다. 쉽게 말해 금리가 높아 이자를 많이 받으면 우리가 가진 돈의 무게도 늘어난다는 뜻이다.

이제 막 은퇴하고 노후 생활을 준비해야 하는 사람이나 이미 은퇴한 노년층은 지금과 같은 초저금리가 낯설게 느껴질 것이다. 고금리 시대를 살아온 세대가 평생 경험하지 못한 최저 수준의 금리이기 때문이다.

한국 경제는 대외적인 여건이 계속 나빠지고 있다. 거시경제 지표도 나쁜 모습을 보인다. 모두가 한국 경제의 미래를 비관적으로 보는 것도 사실이다 그런데 이렇게 거시경제가 나빠지는 상황에서도 주식시장은 2019년 8월 7일 바닥을 찍고 계속 슬금슬금 상승하는 모습을 보이고 있다.

부동산 시장도 마찬가지다. 초저금리 시대의 대안으로 부동산이 다시 주목받고 있다. 그동안 미친듯이 올랐던 서울 아파트도 2019년 11

최고 2,607.10 (01/02) →

KOSPI 종합주가지수 월간 차트
(2019년 11월)

최저 1,800.75 (08/03) →

월 현재 다시 상승세를 이어가고 있다.

경제도 좋지 않은데 왜 이런 현상이 나타나는 것일까? 돈의 무게를 결정하는 금리가 지속적으로 내렸기 때문이다. 금리가 내려가면 예금, 적금, 채권의 가치가 떨어진다. 투자 매력이 없는 은행을 벗어난 돈이 주식시장과 부동산 시장으로 몰려든다. 따라서 주식과 부동산 가치가 올라간다. 결국 금리 변화가 투자 상품의 가치를 결정하는 것이다.

나는 고전적인 투자의 격언인 'high risk high return'은 한국 금융시장 현실에는 맞지 않는다고 생각한다. 한국 투자시장의 주식, 채권, 부동산 수익률을 비교해 보고 이런 생각을 하게 되었다. 부동산은 1990년대 이후 압도적인 수익률을 보여왔고 투자 위험성도 가장 낮았기 때문이다. 지금까지 부동산은 'low risk high return'이었다. 이 사실을 부인할 사람은 없을 것이다.

그렇다고 모든 돈을 부동산에만 몰빵할 수는 없다. 어느 정도 현금 유동성은 확보하고 있어야 위기에도 흔들리지 않기 때문이다. 따라서 자산의 일정 부분은 부동산보다 조금 위험성이 높은 투자상품을 골라

포트폴리오에 편입하는 것이 좋다. 그렇다고 선물, 옵션 등의 고위험 파생상품에 투자하라는 뜻은 아니다. 환차손 위험이 존재하는 해외주식에 투자하라는 얘기도 아니다. 나는 여러분이 대한민국 주식에 투자하기를 권한다.

물론 주식투자는 부동산이나 채권 등의 상품에 비해 투자 위험이 크다. 이것을 모르는 사람은 없다. 그런데도 지금 주식 계좌 수는 사상 최고를 기록하고 있다. 보수적인 성향의 투자자들마저 주식시장을 기웃거린다. 현재 금리가 너무 낮기 때문이다. 은행예금만으로는 돈의 무게가 너무 가벼워지기에 발생하는 현상이다.

그럼 어떤 기업에 투자할까? 간단하다. 세계적으로 인정받는 독점기술을 가진 기업이나 시장 지배력이 높아 상품가격을 마음대로 정할 수 있는 내수기업에 투자하면 된다. 한 번에 왕창 사지 말고 부담 없이 매달 10만 원, 20만 원씩 적금하듯이 사 모아라. 이 방법을 '적립식 주식투자'라고 한다. 누구나 쉽게 실천할 수 있고, 심리적으로도 안정되고, 투자 성과도 우월하다.

예를 들어 당신이 S전자 주식을 매달 20만 원씩 산다고 하자. 1월에 주가는 5만 원이었고 4주를 샀다. 2월에 갑자기 주가가 폭락하여 4만 원으로 떨어졌다. 20만 원으로 5주를 샀다. 3월에도 주가는 4만 원이다. 시장은 여전히 안 좋지만 기계적으로 5주를 샀다.

적립식 매수 내역
1월 : 50,000원 * 4주 = 20만 원
2월 : 40,000원 * 5주 = 20만 원
3월 : 40,000원 * 5주 = 20만 원

총 매수금액 : 60만 원 / 보유주식 : 14주

60만 원으로 총 14주의 주식을 산 셈이다. 내가 산 S전자 주식의 평균 단가는 42,857원(= 60만 원 / 14주)이 된다. 현재 주가 4만 원과 평균 단가 42,587원은 큰 차이가 나지 않는다.

이 정도면 심리적으로 불안하지는 않을 것이다. 4월이 되어 주식시장이 회복되기 시작했고 S전자 주식은 4만 3,000원이 되었다. 결국 S전자 주식은 마이너스가 아니라 수익으로 전환되었다.

이렇게 적립식으로 주식을 매수하면 평균 단가가 낮아진다. 이것을 코스트 에버리징(cost averaging)이라고 한다. 이것이 적립식 투자의 장점이다. 또한 장기투자의 기본 매수전략이기도 하다.

코스트 에버리징 (cost averaging)
기간을 길게 잡고 주식을 조금씩 나눠서 사면 주가가 평균화되어 손익이 희석된다. 이것을 '코스트 에버리징'이라고 한다.

적립식 투자는 수익실현과 손절매도 자유롭다. 내가 고른 종목을 몇 년간 적립하여 괜찮은 수익이 났다고 하자. 그러면 한 번에 팔거나 조금씩 나눠서 팔면 된다. 반대로 1년쯤 적립했는데 어느 날 문득 종목을 잘못 골랐다는 판단이 들 수도 있다. 이때는 과감하게 손절매하면 된다. 조금씩 나눠서 샀으므로 손실도 크지 않다.

내 주변에도 적립식 투자로 큰돈을 번 사람들이 많다. 그들은 기업 문제가 아닌 시장 문제로 주가가 내려가면 오히려 즐거운 마음이었을지도 모른다. 같은 돈으로 더 많은 주식을 살 수 있기 때문이다. 결국 적립식 투자는 잃지 않는 방법이고, 시간을 분산하여 시간을 이기는 방법이고, 가장 편안한 투자방법이다.

적립식 투자도 단점은 있다. 사자마자 주가가 급등하면 더 많이 못 샀다는 자괴감과 박탈감에 시달릴 수도 있다. 하지만 우리 주식시장에 이렇게 좋은 일이 얼마나 있던가? 이런 걱정은 하지 않아도 된다.

만약 당신이 적립식 투자를 하지 않고 1월에 S전자 주식 200주를 한꺼번에 샀다면? 1월에 산 주식 1,000만 원은 2월에 800만 원 가치로 떨어진다. 사자마자 -20% 손실이다. 자, 이제 당신은 어떻게 할 것인가? 주식이 5만 원으로 다시 오를 때까지 스트레스받으며 기다리거나 손절매할 수밖에 없다.

결국 적립식 투자는 월급쟁이들이 본업에 소홀하지 않고, 스트레스도 받지 않고, 쉽게 투자할 수 있는 가장 효율적인 방법이다. 일도 재테크도 놓치기 싫은 직장인에게 추천한다.

좋은 회사의 주식들이 싸게 굴러다닐 때 적립식으로 꾸준히 샀다면 큰 수익을 낼 수 있었던 사례는 많다. 대표적으로 셀트리온, 한국콜마홀딩스(기업분할 전 한국콜마) 등이 있다. 아래 그림에서 보듯이 2009년도부터 한국콜마홀딩스를 매달 적립식으로 꾸준히 샀다면, 어떤 상황에도 심리적으로 흔들리지 않고 큰 수익을 냈을 것이다.

마찬가지로 셀트리온도 꾸준한 적립식 매수만으로 큰 수익을 낼 수 있었다. 물론 수익이 났을 때 얼마나 오래 보유해서 얼마나 높은 가격에 팔 것인지는 각자의 그릇 크기에 달렸다.

단 적립식 펀드는 절대 하지 마라. 스스로 종목을 골라 투자하는 것이 좋다. 적립식 펀드는 운용 수수료로 귀중한 수익을 매년 갉아먹기 때문이다. 앞서 강조했듯 펀드로 돈 번 사람은 없다는 사실을 잊지 말자.

적립식 투자를 실천하는 방법은 간단하다. 스마트폰 일정 앱으로 매월 월급날 12시 50분에 알람을 설정해라. 월급날 점심시간에 알람이 울릴 것이다. 그럼 스마트폰을 열고 MTS(Mobile Trading System)를 실행하여 주식을 사면 된다. 이것만 꾸준히 실천해도 지갑을 두둑하게 만들 수 있을 것이다.

적립식 투자 종목, 이렇게 고른다

주변에서 주식투자로 큰돈을 번 사람을 본 적이 있는가? 아마 없을 것이다. 반면에 부동산 투자로 큰돈을 번 사람은 흔하게 볼 수 있다. 그만큼 주식투자가 어렵다는 뜻이다. 이유는 많다. 한국증시는 세계경제와 세계증시의 영향을 크게 받는다. 미국증시나 중국증시가 기침하면 한국증시는 폐렴에 걸린다. 대북 리스크, 오너(owner) 리스크 등 변수가 많은 점도 한국증시가 불안정한 원인이다.

이런 상황이다 보니 한국증시에 장기 투자자는 많지 않다. 오늘 사서 오늘 파는 데이 트레이딩(day trading)을 하는 사람이 대다수다. 이론적으로 데이 트레이딩은 가장 빠르게 부자 되는 방법이 맞다. 하지만 데이 트레이딩의 결과는 모두 알고 있다. 99.9%가 쪽박이라는 것을. 아주 극소수만 살아남아 돈을 번다. 살아남은 이들조차 어느새 시장에서 소리소문 없이 사라진다.

주식시장은 이렇게 무서운 곳이다. 이런 판에서 평범한 월급쟁이가 살아남는 방법은 단언컨대 '적립식 투자'뿐이다. 시장의 변덕과 변동성을 이겨내고 시간을 지배하는 유일한 방법이다.

결국 적립식 투자는 타이밍보다 종목을 잘 고르는 게 답이다. 그렇다면 종목을 어떻게 골라야 할까? 종목 선정에 정답은 없지만 힌트는 있다.

세계적인 기술력을 가진 1등 기업을 골라라

대표적으로 메모리 반도체 세계 1등 기업인 삼성전자가 있다. 삼성전자는 반도체 시장이 불황일 때 미래를 내다보고 통 크게 투자한다. 다시 반도체 시장이 좋아질 때는 경쟁력 높은 제품을 들고나와 경쟁업체와의 격차를 벌린다. 이렇게 지금까지 세계 1등을 지키고 있다.

삼성전자 영업이익이 줄고, 반도체 시장 불황 얘기가 나오고, 반도체 가격이 폭락했을 때 삼성전자를 사면 된다. 즉 사업구조가 좋은 기업이 속한 업종이 불황일 때 1등주를 사서 모으는 것이다. 반도체 가격 흐름은 '필라델피아 반도체 지수'로 알 수 있다(네이버나 HTS에서 검색).

필라델피아 반도체 차트와 삼성전자 차트를 비교해 보자. 큰 틀에서 흐름이 비슷하다는 것을 알 수 있다. 따라서 필라델피아 반도체 지수를 참고하여 삼성전자를 적립식으로 차곡차곡 사 모으면 된다.

강력한 브랜드와 꾸준히 팔리는 제품을 가진 내수기업을 골라라

음식료, 화장품, 편의점 같은 생활 밀착형 기업들이 여기에 해당한다. 이런 기업 중 강력한 브랜드가 있고 꾸준한 수요가 있는 기업을 고르면 된다. 이런 기업은 원료의 원가가 올라도, 인건비가 올라도, 이를 소비자에게 전가할 수 있다. 이런 기업은 장기적으로 꾸준히 안정적으로 성장하는 편이다. 대표적으로 LG생활건강, 오뚜기, 오리온 같은 기업이 있다.

아래 LG생활건강 차트를 보면 지금도 꾸준히 안정적으로 상승하고 있다. 다만 이 종목은 1주에 100만 원이 넘기 때문에 적립식으로 사기에는 부담스럽다. 우리는 주가가 너무 비싸지 않은 종목 중에서 안정적인 영업이익을 내는 기업을 고르면 된다.

이런 기업이 개인 투자자가 심리적으로 흔들리지 않고 적립식으로 투자하기 좋은 기업들이다. 쉬운 말로 내가 통제할 수 없는 변수가 많은 기업은 피하면 된다.

변동성이 심한 코스닥 기업은 피하고 거래소 기업을 골라라. 딱히 정해진 것은 없지만 시가총액이 최소 5,000억 원 이상은 되어야 한다. 되도록 시가총액 1조 원 이상이 좋다.

정부의 규제나 입김이 많이 작용하는 업종도 피해라. 대표적으로 통신, 제약, 바이오 같은 업종이 있다. 통신 업종은 안정적으로 돈을 벌지만 정부의 규제가 걸림돌이다. 통신요금이 비싸다고 정부가 규제하는 것을 이미 보지 않았는가?

최근 5G 시대가 열렸지만 5G 통신에 기존 기지국을 사용할 수 없다. 대규모 장비 투자가 들어가야 한다. 따라서 5G 장비 투자가 완전히 끝날 때까지 주가 상승을 기대하긴 어렵다고 본다.

제약이나 바이오는 무궁무진한 가능성이 있는 것은 맞다. 그러나 통신과 마찬가지로 정부의 입김이 크게 작용한다. 앞으로 노년층이 증가할수록 건강보험료가 많이 들어간다. 정부는 건강보험 재정을 줄이기 위해 약값 등을 규제하고 가격을 통제하려고 할 것이다. 또한 새로운 치료제의 임상 성공과 실패에 따른 주가 변동성도 크다.

제약, 바이오 기업은 이런 위험 부담을 알고 투자해야 한다. 따라서 주식 포트폴리오의 10~20% 이내로 투자하는 것이 좋다. 즉 감내할 수 있는 금액으로 모험을 거는 것이다.

경기 사이클을 심하게 타는 건설, 조선 같은 업종도 피하는 것이 좋다. 개인이 경기 사이클을 이해하고 이를 이용하기는 어렵기 때문이다. 그 외 유가의 영향을 많이 받는 업종도 쉽지 않다.

지금까지 말한 것들이 반드시 정답은 아니다. 투자에는 정답이 없기 때문이다. 결국 자신의 지식, 경험, 자금을 따져보고 투자 성향을 파악하는 것이 먼저다.

변화무쌍한 주식시장의 변덕에 초연할 수 있다면 공격적인 종목으로 구성하는 것도 괜찮다. 그러나 시장의 변덕에 스트레스를 받는 편이라면, 본업에 충실하고 싶다면, 앞서 말한 원칙에 맞는 종목을 고르기 바란다.

제5장

월급쟁이 부자의
부동산 쇼핑법

투자의 종착역은 부동산이다

모두 서울 아파트값이 미쳤다고 말한다. 그러나 이것은 자본주의 역사와 자본주의 성장 과정을 이해하지 못하는 사람들이 하는 말이다. 아파트값이 오르는 것은 자연스러운 현상이다. 10년 전 짜장면 값과 지금 짜장면 값이 다른 것처럼 말이다.

아파트 가격이 싸고 비싸고는 누가 결정하는가? 아파트를 사는 사람이다. 누군가 그 가격을 인정하기 때문에 거래가 이루어지는 것이다. 아무도 가격을 인정하지 않으면 아파트 가격이 내려간다. 다른 사람은 모두 인정하는데 당신 혼자만 인정하지 않는다면 혼자 시장에 뒤처지는 것이다.

나는 "세상에 절대적인 가치는 없다."라고 반복적으로 말해왔다. 그동안 주식, 채권, 예금, 부동산 중에서 무엇이 가장 안정적이고 수익률이 높았는가? 사실 이 질문은 하나 마나다. 모두가 알고 있듯이 단연코 부동산이다.

누군가는 "주식시장이 더 많이 올랐는데요?"라고 할 수도 있다. 이 말도 맞다. 주식시장 종합주가지수와 아파트 매매가격지수를 비교해 보자. 2019년 11월 기준으로 종합주가지수는 2003년에 비해 4배 정도 올랐다. 반면에 아파트 매매가격지수는 2배 정도 올랐다.

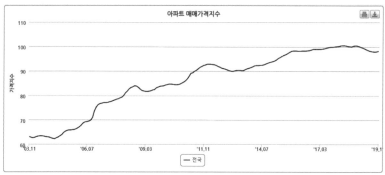

차트만 보면 주식시장이 더 많이 오른 것처럼 보인다. 그런데 주식시장은 일부 종목이 크게 올라서 많이 오른 것처럼 보이는 것이다. 즉 일부 종목은 10~20배씩 올랐지만 일부 종목은 반토막이 나거나 상장 폐지 되었다는 뜻이다.

몇십 배씩 오른 종목을 바닥에 사서 최고점에 팔았으면 당신은 이미 부자가 되었을 것이다. 혹시 당신이 경제와 종목을 보는 눈이 뛰어나고 촉도 좋아 한국콜마홀딩스(액면분할 전 한국콜마)처럼 몇십 배씩 오른 종목을 샀다고 하자. 그렇다 하더라도 당신이 20~30배 오를 때까지 이 종목을 보유하고 있을 리가 없다. 누구나 마찬가지다. 그래서 주식으로 돈 번 사람을 보기 어려운 것이다.

하지만 부동산은 어떤가? 부동산으로 돈 번 사람은 생각보다 흔하게 볼 수 있다. 이유는 뭘까? 간단하다. 부동산은 주식과 다르다. 집을 사면, 집에서 밥 먹고, 쉬기도 하고, 잠도 잔다. 집값이 조금 올라도 팔 이유가 없다. 물론 아파트도 주식처럼 가격이 오르고 내린다.

그렇지만 주식보다 상대적으로 느리게 움직인다. 움직임 폭도 작다. 심리적으로 쉽게 흔들리지 않는다. 주식처럼 클릭 한 번으로 쉽게 팔 수도 없다. 따라서 주식과 달리 자연스럽게 오래 보유하게 된다. 여기서 주식과 부동산의 승부가 갈리는 것이다.

결국 투자의 종착역은 부동산이다. 유명한 스포츠 선수나 연예인도 돈을 벌면 가장 먼저 고급주택이나 건물을 사지 않는가? 물론 돈을 벌어서 사업을 하는 연예인들도 있다. 하지만 그 결과는 다들 알고 있지 않은가? 사업하다 망해서 빚 갚느라 고생한다는 가십 기사를 많이 읽었을 테니 말이다.

이들이 부동산을 사는 이유는 무엇인가? 부동산의 특성 때문이다.

첫째, 희소성(稀少性, scarcity)이다. 부동산은 땅을 사는 것이다. 땅은 유한하므로 희소성이 있다.

둘째, 부동성(不動性, immovability)이다. 부동산은 고정되어 있고

어지간해서는 입지가 바뀌지 않는다. 천지가 개벽하지 않는 한 말이다. 서울 강남, 서초, 잠실, 용산 등이 그렇다.

셋째, 부증성(不增性, unproductively)이다. 토지의 양이 늘어나지 않는다는 뜻이다. 개간 등을 통해 늘릴 수는 있지만 한정적이다.

넷째, 영속성(永續性, indestructibility)이다. 토지는 소모되거나 마멸되지 않는 성질이 있다. 무한한 시간 동안 존재한다는 뜻이다.

이러한 특성 때문에 부동산은 자산가치가 높다. 부동산에 직접 거주할 수도 있고 다른 사람에게 임대를 놓아 매달 안정적인 현금 흐름을 만들어 낼 수도 있다. 그래서 투자의 종착역은 부동산이라고 한다.

KB경영연구소의 2019 한국 부자 보고서를 보자. 여기서 부자는 금융자산을 10억 원 이상 보유한 사람을 말한다. 금융자산 10억 원 이상인 부자는 2014년 23만 명에서 2018년 32만 명으로 매년 늘고 있다. 이들의 총자산 구성비는 다음과 같다. 부동산이 53.7%이고 금융자산은 39.9%이다. 이처럼 부자들도 부동산 비중이 높다.

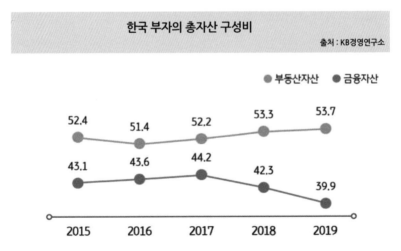

한국 부자의 총자산 구성비

출처 : KB경영연구소

돈이 없어서 투자를 못 한다는 말은 하지 마라. 처음부터 돈이 많아서 부동산에 투자한 사람은 없다. 다들 외곽에서 시작한다. 돈을 모으고 기회를 잡아서 차근차근 핵심 지역으로 들어오는 것이다. 처음부터 모두가 꿈꾸는 강남, 서초, 용산, 마포 등에 집을 살 수는 없다. 이것을 먼저 인정해야 한다.

돈이 적은 사람은 노도강이라고 부르는 노원구, 도봉구, 강북구에서 아파트를 사서 실거주하거나, 전세를 끼고 사두는 것도 하나의 방법이다. 2015년만 해도 서울 도봉구, 성북구 등에 2억 원대의 아파트가 많았다. 이런 곳에서 시작해서 차근차근 핵심 지역으로 들어와야 한다.

아래는 4호선 길음역 건너편에 있는 돈암삼성아파트 24평형 매매가와 전세가 그래프다. 국토교통부 실거래가를 토대로 만든 차트이므로 데이터는 정확하다. 2017년만 해도 전세를 끼고 6천만 원 정도면 살 수 있었다. 그러나 지금은 이런 아파트들도 3억 원을 넘어 4억 원대에 거래되기 시작했다. 전세를 끼고 사려고 해도 1억 원이 넘게 든다.

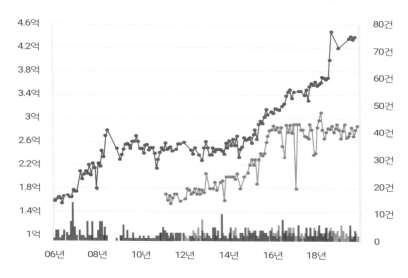

신문이나 방송에서는 강남 아파트와 신축 아파트만 크게 부풀려서 얘기한다. 하지만 강남 아파트만 오른 것은 아니다. 강북 아파트도 많이 올랐다. 이번 서울 아파트 상승기에 아파트 몇 개 잘 사서 월급쟁이 부자의 반열에 오른 사람이 많다.

당신은 그동안 무엇을 하고 있었는가? 집값이 내려갈까 봐 겁이 나서 못 샀는가? 그렇다면 생각을 바꿔야 한다. 아파트를 샀는데 가격이 내려가는 것만 리스크가 아니다. 아파트를 사지 않았는데 오르는 것도 리스크다. 이것이 바로 투자의 핵심이다.

그런데 대부분의 사람들은 어떤가? 아파트값이 오르면 이제 떨어질까 봐 못 산다. 아파트값이 떨어지면 더 떨어질까 봐 못 산다. 또한 아파트값이 안 움직이면 안 움직이니까 못 산다. 이래서는 평생 경제적 자유를 이루기 어렵다.

최근 10년의 서울 부동산 시장을 돌아보자. 2008년에서 2013년까지만 해도 서울 부동산은 끝났다고 그렇게 믿고 있지 않았는가? 실제로 이 기간에 서울 부동산은 맥을 못 추고 하락했다. 하지만 분위기는 반전되어 2014년부터 오르기 시작했다.

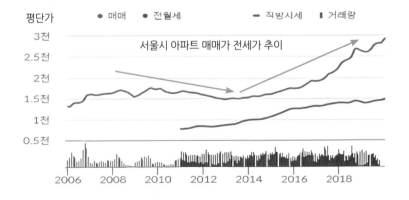

이처럼 부동산 시장은 언제나 돌고 돈다. 오르면 내리고 내리면 오른다. 영원히 오르지도 않고 영원히 내리지도 않는다. 그러니 평소에 관심을 가지고 부동산 공부를 해두어야 한다. 지금 서울 아파트를 새로 매수하기는 쉽지 않지만 지금부터 공부하고 준비해야 한다. 그래야만 진짜 기회가 왔을 때 기회인 줄 알고 잡을 수 있다.

아직도 아파트를 여러 채 사는 사람들은 투기꾼이라고 생각하는가? 투기꾼 때문에 집값이 오른다고 생각하는가? 부동산은 불로소득이라고 생각하고 죄악으로 보는가? 북유럽 사회민주주의 국가들처럼 토지공개념 제도가 도입되어야 한다고 생각하는가?

우리나라는 자본주의 국가이고 자본주의의 근간은 사유재산권 보호다. 일찍부터 사유재산권 보호를 시작한 나라일수록 상업이 발달하고 부강해졌다. 그런 나라들이 오늘날 선진국이 되었음을 알아야 한다. 이는 세계 역사를 공부하면 알 수 있다.

사유재산권을 부정하면 누가 열심히 하겠는가? 토지공개념을 주장하는 사람들은 사유재산권을 부정하는 사람들이고 시장주의의 적이라고 생각한다. 합법적인 부동산 투자로 돈을 벌고 이에 걸맞은 세금을 낸다면, 누구도 뭐라고 할 수 없고, 해서도 안 된다. 반시장주의적 생각에서 먼저 벗어나야 한다. 이것이 바로 부동산 투자의 시작이다.

아파트 투자가 좋은 이유

　예전에는 나이를 묻는 것이 실례였지만 요즘은 어디 사는지 묻는 것이 실례인 시대가 되었다. 사는 곳으로 그 사람의 모든 것이 평가된다. 오죽하면 이런 우스갯소리도 있을 정도다. "어디 사세요?" 물었을 때 강남 사는 사람들은 "삼성동 살아요.", "청담동 살아요."라고 답한다. 반면에 노도강 지역에 사는 사람들은 "서울 살아요."라고 답한다고 한다. 심지어 아이들끼리도 아파트에 사는지 빌라에 사는지 따진다고 한다. 씁쓸한 현실이다.

　아이들도 좋아하는 아파트는 투자의 가장 기본이 되는 상품이다. 우리나라에서 거주하고 싶은 주택을 꼽으라면 대부분 아파트를 꼽기 때문이다. 하나의 아파트 단지는 적게는 300세대에서 많게는 수천 세대로 구성된다. 모두 설계와 구조가 비슷하므로 비교 대상이 많다. 거래가 풍부하니 매매가격도 쉽게 파악할 수 있다.

　따라서 초보자가 투자로 접근하기 좋다. 그렇다고 초보자만 선호하는 상품도 아니다. 중수도, 고수도 아파트를 선호한다. 투자는 기본적으로 팔아야 수익이 확정되며 결국 파는 것을 염두에 두어야 하기 때문이다. 왜 많은 사람들이 토지 투자로 실패를 맛보겠는가? 시세 파악이 어렵고 매매가 어렵기 때문이다. 즉 모든 투자는 환금성이 중요하다.

"나는 아파트가 답답해서 싫어. 앞마당이 있는 단독주택이 좋아." 라고 생각할 수도 있다. 그건 당신만의 생각이다. 다른 사람들은 대부분 아파트를 원한다. 그러므로 내가 좋아하는 단독주택이 아니라 남들이 좋아하는 아파트에 투자해야 한다.

통계청에서 발표한 '2018년 주택소유통계'를 보자. 2018년 기준으로 총 주택 수는 1,763만 호고, 이 중 아파트는 1,082만 호다. 전국 주택 중 아파트는 61%를 차지한다.

(단위 : 천호, 천명, 천 가구, 호, %p, %)

구분		2017년	2018년	증감 현황	
				증감	증감률
총 주택수		17,123	17,633	511	3.0
	아파트	10,375	10,826	451	4.3

서울시 주택 통계를 보자. 서울에는 총 287만 호의 주택이 있으며 이 중 아파트는 168만 호다. 아파트가 서울시 주택의 58%를 차지하고 다세대주택(빌라)이 25%를 차지한다. 합계는 83%다. 서울시의 주거 형태는 아파트와 다세대주택이 거의 전부라고 봐도 무방하다.

합계	아파트	다세대주택 (빌라)	단독주택	연립주택	비거주용 건물 내 주택
2,874,078	1,679,639	749,971	322,453	112,372	29,643
100%	58.0%	25.0%	8.1%	3.9%	1.0%

서울시 가구 수 통계를 보자. 서울시 평균 가구원 수는 2.4명이다. 1인 가구 비중은 32.0%이고, 2인 가구 비중은 25.5%다. 1~2인 가구가 전체의 57.5%를 차지한다. 즉 서울은 1~2인 가구가 주류다. 3인 가구는 21.0%이고, 1~3인 가구를 합하면 전체 가구의 78.5%를 차지한다.

합계	1인 가구	2인 가구	3인 가구	4인 가구	5인 이상
3,838,766	1,229,421	977,469	807,545	637,385	187,946
100%	32.0%	25.5%	21.0%	16.6%	4.8%

이런 데이터는 공공데이터 포털(https://www.data.go.kr)에서 얻을 수 있다. 직접 찾기 어려우면 구글 검색을 이용해도 된다. 구글에 '서울시 주택 통계' 같은 검색어를 입력하면 쉽게 찾을 수 있다.

우리는 이런 통계를 분석하여 서울 부동산 투자의 중요한 힌트를 얻을 수 있다.

첫째, 서울에 383만 가구가 사는데 서울 아파트는 168만 채뿐이다. 비율로는 41%다. 모두가 아파트를 원하는데 아파트는 턱없이 부족하다. 서울 아파트는 앞으로도 계속 부족할 것이다. 아파트를 지을 땅이 없기도 하고 정부의 재개발, 재건축 규제도 하나의 이유가 된다. 특히 요즘은 정부 주도로 낡은 빌라를 허물고 대규모로 재개발하기 어렵기도 하다.

둘째, 서울 부동산의 주 수요층은 전체의 57.5%를 차지하는 1~2인 가구다. 우리는 여기에 주목해야 한다. 1인 가구, 2인 가구는 앞으로도 계속 늘어날 것이기 때문이다. 투자 목적이라면 이들이 선호하는 주택을 골라야 한다. 투자 선택의 폭을 넓히려면 3인 가구까지 포함해서 보면 된다.

그렇다면, 우리는 어떤 아파트에 투자해야 할까? 1인 가구를 대상으로 한 투자라면 15~18평형 아파트가 좋고, 2인 가구를 대상으로 한 투자라면 24~25평형 아파트가 좋다. 물론 3~4인 가구가 선호하는 33평형도 훌륭한 투자 대상이다.

이보다 더 큰 평형대는 고소득층이나 대가족이 찾는다. 하지만 33평보다 큰 대형 아파트는 수요가 적다. 집이야 크면 좋지만 큰 만큼 관리비도 비싸나. 1~2인 가구가 그렇게 큰 집을 살 이유는 없다. 수요가 적으니 임대 놓기도 어렵다. 특별한 목적이 없는 이상 대형 아파트는 투자 대상이 아니라고 봐도 된다.

자, 이 정도로도 왜 아파트가 좋은지 충분한 답이 되었을 것이다.

여기서는 서울을 예로 들었지만 지방 도시도 마찬가지다.

투자는 내 물건을 받아 줄 사람이 많은 상품에 해야 한다. 즉 수요가 많고, 팔고 싶을 때 쉽게 매도할 수 있는 상품이 좋다. 투자 경험이 적은 사람일수록 아파트로 시작해라. 쉬운 아파트 투자로 충분한 경험을 쌓고 다른 투자상품에 관심을 가져도 늦지 않다.

빌라나 상가에 투자하고 매달 월세를 따박따박 받는다는 얘기를 책에서 본 적이 있을 것이다. 굉장히 좋아 보이고 낭만적으로 보일지도 모르겠다.

빌라 투자나 상가 투자로 성공한 사람도 있지만 그 확률은 높지 않다. 책에는 원래 성공한 사례만 나오는 법이다. 실패한 사례는 아무도 이야기하지 않는다. 그래야 책이 팔리기 때문이다. 당신이 책 속 영웅이 될 가능성이 낮다. 이 사실을 먼저 깨달아야 한다.

빌라나 상가는 직접 투자하고 경험하기 전에는 알지 못하는 문제가 숨어 있다. 빌라나 상가의 장단점은 뒤에서 따로 얘기하겠다.

왜 서울 아파트만 오르는가?

　2014년부터 2019년까지 서울 아파트 가격이 미친듯이 오르는 것을 모두 함께 지켜봤다. 같은 현상을 보면서 희비가 엇갈린다. 저마다 처한 상황에 따라 느낌이 다를 것이다.

　서울 아파트를 사서 거주하고 있거나 투자용으로 집을 사둔 사람은 마음속으로 환호하며 흐뭇하게 지켜보고 있다. 입지 조건이 그다지 좋지 않은 노도강 지역 아파트도 최소 1~2억 원씩 올랐다. 강남권 핵심 지역 아파트는 말하지 않아도 모두 잘 알 것이다.

　이번 서울 아파트 상승 랠리에 소외된 사람들은 후회가 막심하다. 박탈감에 억장이 무너지는 심정이었을 것이다. 필자가 보기에 집을 사시 못한 원인은 크게 두 가지다. 돈이 없거나 용기가 없거나. 돈이 없는 사람은 어쩔 수 없다손 치자. 하지만 돈이 있음에도 완벽한 타이밍에 완벽한 집을 사려고 간을 보다가 기회를 놓친 사람은 정말 안타깝다.

　문재인 정부의 10차례가 넘는 강력한 부동산 규제에도 불구하고 서울 아파트는 계속 오르고 있다. 양도세 강화, 종부세 강화, 대출규제, 3기 신도시 공급확대, 분양가 상한제 등 온갖 규제에도 서울 아파트 가격은 좀처럼 내려가지 않는다.

왜 서울 아파트만 쉬지도 않고 계속 오르는 것일까? 이에 대한 시각은 모두 다를 것이다. 정부가 문제라고도 하고 투기꾼이 문제라고도 한다. 나는 사상 초유의 저금리와 상대적으로 풍부해진 시장의 유동성 때문이라고 본다.

투자시장은 돈 풍년을 맞았는데 이 많은 돈이 갈 곳은 없다. 그러니 환금성이 높은 서울 중소형 아파트, 미래 가치가 높은 재건축 단지에 돈이 몰린다. 지금 상황에서 서울 아파트만한 재테크 상품이 없다. 당연히 비정상적인 모습을 보일 수밖에 없다.

여기에는 정부의 비상식적인 규제도 한몫했다. 양도세 중과세, 종부세 강화, 임대사업자 등록, 대출규제, 분양가 상한제 등이다. 양도세 중과세를 하자 처음에는 매물이 좀 나왔다. 그런데 매물이 모두 소화되자 거래가 끊겼다.

다주택자의 임대사업자 등록을 유도하자 매물이 더욱 잠기게 되었다. 또 종부세를 올리자 아파트를 팔지 않고 자식에게 증여한다. 매물이 더 꽁꽁 잠긴다.

대출 규제는 또 다른 편법을 만들어 낸다. 예를 들어 신혼부부가 혼인신고를 하지 않고 신랑 명의로 집을 산다. 신부는 전세자금 대출을 받아 신랑 집에 전세로 들어간다. 정부 대출규제로 집을 살 때 집값의 40%만 대출해 주니 전세자금 대출을 활용하여 집값의 70~80% 대출을 받은 효과를 낸 것이다.

세법도 누더기가 되었다. 세무사도 헷갈려서 양도세 상담을 받지 않을 정도다. 일반인은 말할 것도 없다. 정부 규제는 모두 헛발질이 되고 말았다. 결국 집을 사고 싶어도 살 수 없고, 팔고 싶어도 팔 수 없고, 이사 가고 싶어도 갈 수 없게 되었다.

다주택자는 지방 아파트를 팔고 똘똘한 서울 아파트로 갈아타기 시작했다. 집이 없는 사람은 서울 아파트 한 채를 마련하려고 뛰어다니고, 한 채를 가진 사람은 한 채 더 사려고 눈에 불을 켠다. 너도나도 지금 아니면 집을 살 수 없다는 생각을 하기 시작하면서 더욱 걷잡을 수 없는 상황이 되었다.

여기에 분양가 상한제까지 하자 상황은 더 심각해졌다. 너도나도 집을 사지 않고 전세를 떠돌면서 서울 신축 아파트에 청약하며 인생 역전 로또를 꿈꾼다. 이로 인해 거래는 더 위축된다. 전세를 선택하는 사람이 늘어나며 전셋값이 오른다. 용기 있는 자들만 오른 가격에 서울 아파트를 산다. 이것이 현재 서울 부동산 시장의 현실이다.

모두 부동산 시장이 미쳤다고 한다. 하지만 이것을 무조건 비정상이라 할 수도 없다. 어쩌면 새로운 시대를 알리는 것일지도 모른다. 우리는 새로운 시대에 적응하고 살아남아야 한다. 그러기 위해서는 서울 아파트 시장을 제대로 이해해야 한다.

사람들은 내게 이렇게 묻는다. "서울 아파트가 계속 오르고 있어서 너무 불안해요. 지금이라도 서울에 사야 할까요?" 서울에 한 채라도 보유한 사람은 고민이 덜하겠지만 그렇지 않은 사람은 고민이 많을 것이다. 사실 이런 고민을 하는 이유는 하나다. 누구나 가장 최적의 타이밍에, 가장 좋은 입지의 아파트를, 아주 싼 가격에 사고 싶어 하기 때문이다. 그런데 이런 행운은 아무나 잡을 수 없다. 바닥에 잡을 수 있는 사람이 얼마나 되겠는가? 10년 전에도, 20년 전에도, 서울 아파트는 비싸다고 아우성이었다. 2006년도에도 "미친 집값 백약무효" 같은 뉴스가 신문에 도배되었던 것을 기억하는가?

[2006 산업계 10대 뉴스] '미친 집값' 백약무효

서울신문 2006.12.20. 네이버뉴스 ☐

● **집값** 평균 23%↑··· 과천 60% 급등 정부의 3·30 재건축 규제와 5·15 버블세븐 경고 등으로 잠시 주춤하던 **집값**은 8월 말 판교 중대형 분양 이후 급등세를 보였다. 시중의 풍부한 유동자금이 부동산시장으로 들어온데다···

지금도 '미친 집값' 뉴스가 나오고 있다. 아마 우리는 10년 후, 20년 후에도 같은 뉴스를 볼 것이다. 지금처럼 양극화가 확연한 상황에서는 더욱 그럴 가능성이 크다.

사실 서울 아파트는 2008년 금융위기 때부터 2013년까지 일시적으로 조정받았을 뿐이다. 아래는 서울 아파트 매매가격지수 그래프다. 주식시장처럼 엄청나게 폭락한 것도 아니다. 금융위기 당시 종합주가지수는 반토막이 났었고, 개별종목은 반의 반토막이 난 종목도 많았다. 그에 비하면 서울 아파트는 고작 20% 정도 하락했을 뿐이다.

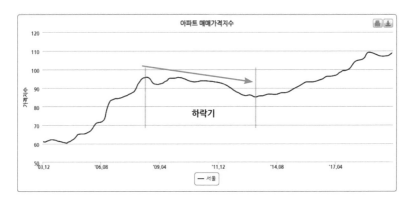

서울 아파트는 무리한 대출을 받지 않았다면 충분히 버틸 수 있는 상황이었다. 강남 지역의 비싼 아파트 시세를 확인해 봐도 마찬가지다. 당시 강남 아파트 하락 폭은 평균 20% 수준이었다.

아래는 대치동 대치삼성1차 아파트 시세 그래프다. 금융위기 이후 많이 떨어졌는가? 10억 원에서 8억 원으로 떨어졌을 뿐이다. 절대적인 금액이 크기 때문에 많이 떨어진 것처럼 느끼는 것이다. 강남에 아파트를 살 정도의 경제 수준이라면 이 정도 하락은 큰 문제가 아니었을 것이다. 무리한 대출을 끌어 쓴 사람은 손해를 보고 팔았겠지만 말이다.

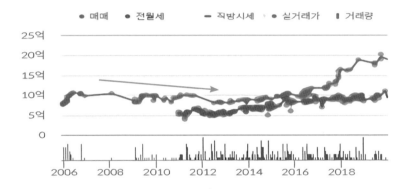

결국 투자는 타이밍이 아니라 시간을 사는 것이다. 물론 좋은 타이밍에 저렴한 가격으로 사면 가장 좋지만, 모두가 그런 능력을 갖추기는 어렵다. 요즘 유행하는 수요, 공급에 의한 부동산 시장 분석법으로도 100% 완벽할 수 없다. 그저 확률이 조금 더 높아질 뿐이다.

세상에 확실한 투자가 어디 있겠는가? 세상 모든 투자는 불확실하다. 경제적 자유는 불확실한 것에 돈을 거는 사람만이 누릴 수 있는 선물이다. 무주택인 사람은 능력 범위 안에서 서울에 한 채라도 마련해 두는 것이 좋다고 생각한다.

서울 아파트가 언제까지 오를지는 아무도 모른다. 영원히 오르지는 않겠지만 영원히 떨어지지도 않을 것이다. 금융위기에도 불구하고 조정 기간은 4~5년에 불과했던 것처럼 말이다. 금융위기 급의 상황을 다시 만나지 않는 한 이번 상승의 끝을 예측하기는 어렵다. 확실한 것은 장기적으로 우상향한다는 것뿐이다.

세상 모든 재화의 생산에는 비용이 들어간다. 짜장면 원료값이 오르고 인건비가 오르면 당연히 짜장면 값이 오른다. 아파트도 마찬가지다. 매년 땅값이 오르고 최저시급이 오르고 인건비가 오른다. 인건비가 오르면 건설에 필요한 철근과 시멘트 등의 자재값도 오른다. 시멘트와 철근 등을 생산하는 데도 인건비가 들기 때문이다.

이 모든 것들이 아파트값에 반영되어 가격이 오르는 것이다. 집값이 오른다고 생각하지만 사실은 화폐가치가 하락하는 것이다. 이것이 자본주의의 기본 원리인 인플레이션이다. 치솟는 집값과 전셋값을 원망하지 말고 인플레이션에 올라타라.

지금 능력껏 서울 노도강 지역에 4~5억 원짜리 아파트라도 사두면, 미래에는 분명히 7~8억 원으로 올라있을 것이다. 그때까지 열심히 일하면서 종잣돈을 모아라. 모은 돈으로 채권, 주식 같은 재테크를 하여 종잣돈을 불려라.

이렇게 불린 돈으로 미래에 7~8억 원으로 오른 아파트를 팔고, 10억 원짜리 아파트로 갈아타는 것은 현실적으로 가능하지 않을까? 이런 식으로 10~20년 계획을 잡고 핵심 지역으로 조금씩 가까이 들어오는 것은 당신도 할 수 있다.

청약에 관심을 두는 사람도 많을 것이다. 로또만큼이나 어려운 청약에 목숨 걸고 인생역전을 꿈꾸며 계속 전세를 떠돌면 어떻게 될까? 청약 당첨은 되지 않고 전세금만 올려주게 될 것이다. 즉 집주인만 좋은 일을 할 가능성이 크다.

그렇다고 다주택자를 투기꾼으로 매도하지는 말아라. 그들이라도 있기에 누군가 그 집에 전세로 살 수 있는 것이다. 따지고 보면 청약 당첨으로 인생역전을 꿈꾸는 당신도 투기꾼이라 할 수 있다. 집을 사는 위험은 감수하기 싫고 청약 로또로 한 방에 돈을 벌고 싶은 것이 아닌가?

자신의 능력 범위에서 서울에 아파트 한 채를 장만해라. 장기적인 계획을 세워 좀 더 좋은 아파트로 갈아타면서 핵심 지역으로 조금씩 들어가는 것을 목표로 해라. 그때를 위해 금융상품을 공부하고 투자하여 종잣돈을 계속 불려라. 남들도 다 이렇게 시작해서 자산을 불렸다. 지금도 늦지 않았다.

신 강남벨트 아파트에 투자하라

서울의 핵심지역이 어디인지 모르는 사람은 없다. 강남 교육 특구 대치동, 도곡동, 역삼동, 삼성동, 압구정동, 청담동, 잠원, 반포 재건축 단지, 잠실 재건축 단지, 송파 헬리오시티 등이다. 또한 한강뷰가 탁월하고 교통 호재가 넘치는 마포 상수동, 용강동, 용산 이촌지구, 한남 뉴타운, 성동구 성수지구 등도 핵심지역이라 할 수 있다.

지금까지 앞에서 말한 지역은 클래스가 다른 곳이다. 모두 서울 핵심지역으로 알고 있고 서울 아파트 가격을 주도해 왔다. 이것을 모르는 사람은 없다. 대한민국 수도를 옮기지 않는 한 절대로 바뀌지 않을 것이라고 봐도 무방하다.

그런데 이 지역은 이미 가격이 상당히 많이 올랐다. 이 지역의 아파트가 미래에도 상승세를 주도할 것이라고 믿어도 지금 가격은 부담스럽다. 그래서 이 지역 아파트 투자를 망설이는 사람들이 많다.

이러한 시장의 소리를 많이 들어왔던 필자는 강남 대체 지역으로

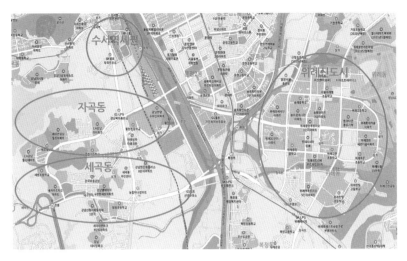

신 강남벨트 지역을 추천하곤 했다. 신 강남벨트는 내곡동, 자곡동, 세곡동을 포함해 수서역세권, 위례신도시를 말한다. 신 강남벨트 지역은 기존의 핵심 강남지역과 비교해 다소 부족한 지역인 것은 맞다.

그럼에도 필자는 이 지역의 가격 탄력성도 결코 기존 강남 부동산에 뒤지지 않는다고 생각한다. 이 지역만이 가지고 있는 경쟁력 있는 스토리가 있다고 생각하기 때문이다. 신 강남벨트 지역은 강남보다 조금 떨어지지만 장점을 살려 충분히 차별화될 수 있다고 본다.

신 강남벨트 지역은 사통팔달의 교통망을 확보하고 있어 강남의 중심인 삼성동 코엑스몰까지 대중교통으로 20분 이내에 도착할 수 있다. 또한 내곡동, 자곡동, 세곡동은 청계산, 대모산이 가까워 강남과 비교해 자연풍광이 뛰어나다. 서울 강남 인근이라고 믿기지 않을 만큼 아름다운 자연환경을 가지고 있다.

수서역세권은 주변 지역이 개발되었고 전국 교통망도 구축되어 있다. 수서역세권 동남쪽에 있는 동남권유통단지는 수도권 동남권의 물

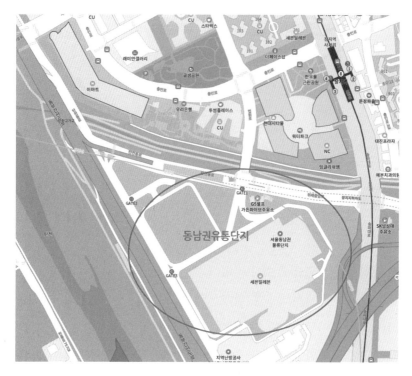

류거점이다. 이곳에는 현대백화점과 이마트 등의 대규모 할인매장이
입점해 있다. 서울 중심권과 비교해도 손색이 없을 정도로 상권이 발
달하였다.

위례신도시는 동남권유통단지와 송파대로를 마주하고 있다. 배후
에 남한산성이 자리하여 천혜의 녹지공간을 확보하고 있다. 위례신도
시는 행정구역상 성남시이고 지도상으로는 송파구와 성남시에 걸쳐
있다. 그러나 위례신도시는 성남시 북단에 자리 잡고 있어 사실상 서
울 강남권에 포함되는 지역이라고 볼 수 있다.

부동산 전문가들은 위례신도시를 서울의 마지막 대단위 개발지역
인 강서구 마곡지구와 비교한다. 과연 어느 쪽이 미래 가치가 더 높을

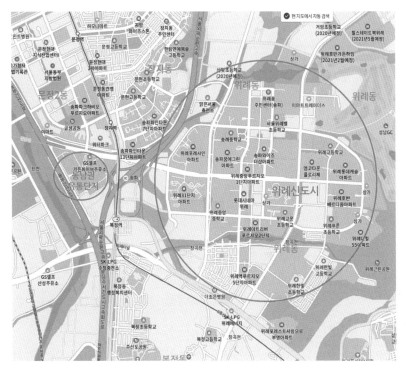

까? 마곡지구와 위례신도시를 자주 방문하는 필자는 위례신도시의 손을 들어주고 싶다. 생활 인프라, 서울 중심권으로의 이동시간, 자연환경, 교육환경 등에서 위례신도시가 비교우위에 있다고 보기 때문이다. 물론 보는 사람에 따라 다를 수도 있지만 말이다.

그렇다면 사람들은 이 지역이 오를 것을 알면서도 왜 투자를 망설일까? 그동안 이 지역 아파트들의 가격이 많이 올랐기 때문이라고 본다. 가격이 부담되니 가격이 조정되기를 기다리고 있을 것이다.

그러나 우리가 이렇게 투자 시기를 조율하며 눈치 보는 사이에 가격은 또 저만치 도망갈 가능성이 크다. 이런 식으로 좋은 투자기회를 놓치는 경우가 많다.

이래저래 재테크 시장에도 부익부 빈익빈 현상이 굳어지고 있다. 소득이 높은 사람은 투자에 필요한 종잣돈 만들기가 수월하고, 대출을 많이 받아도 충분히 감당할 수 있다. 즉 핵심지역 고가 아파트에 공격적인 투자를 할 조건을 갖추고 있다.

그러나 소득이 적은 사람은 투자하고 싶은 마음이 있어도 여건이 따라주지 않아 투자를 못 한다. 물론 소득이 높고 투자할 여력도 있지만 투자가 잘못될까 봐 망설이는 사람도 있을 것이다.

필자 주변에는 소득이 높은 사람들이 많다. 이들은 소득이 높기 때문에 여윳돈으로 투자한다. 호황기나 불황기 같은 경기 사이클에 휘둘리지 않는다. 이들은 주식이든 부동산이든 장기적 관점에서 투자한다.

우량한 부동산이나 주식 종목은 경기가 나빠져 하락 사이클이 와도 일시적인 가격 조정만 있다. 짧게는 1~2년 길게는 4~5년의 가격 조정이 있을 뿐이다. 이들은 이 사실을 잘 안다. 우량한 투자상품은 가격 조정이 끝나면 제일 먼저 오르기 시작한다. 다시 오를 때는 빠른 속도로 오른다. 결국 신고가를 쓴다.

부의 불균형은 단지 소득의 불균형에서만 오는 것이 아니다. 소득과 연관된 재테크 시장에서도 부의 불균형이 더 커지고 있다. 어떻게 재테크 시장에서 살아남을 수 있을지 고민이 필요한 때다. 매번 반복해서 말하는 것이지만 세상에 부자만 아는 비법은 없다. 오히려 부자는 평범한 월급쟁이보다 더 단순하게 상식적인 투자를 한다.

서울 아파트 가격이 많이 올랐음에도 계속 오르는 이유는 간단하다. 환금성이 높은 서울의 중소형 아파트에 돈이 몰려 아파트 가격을 춤추게 하기 때문이다.

서울 강남에 투자할 여건이 안 된다면 신 강남벨트 아파트에 투자하라. 신 강남벨트 지역에 대해 충분히 공부하고 부동산 앱(아파트 실거래가 앱 등)에 관심 아파트로 등록해 놓아라.

등록한 아파트 단지의 매매나 전월세 거래가 일어나면 스마트폰으로 알림이 온다. 꾸준히 시세를 관찰하면서 기회가 왔다는 확신이 들 때 잡으면 된다. 인생은 길고 시장은 돌고 돈다. 좋은 기회는 다시 올 것이다.

아파트 실거래가 (아실) - 부동산

아실   부동산/홈 인테리어   ★ ★ ★ ★ ⯪ 6,545 👤
③

❶ 일부 기기와 호환되는 앱입니다.

설치

(간단한 설명)
아파트 거래할 때, 실거래가부터 확인!
부동산 거래 고민될 땐, 아실TV로 부동산고수영상 시청!!

경기도 아파트는 동남권이 좋다

　우리가 수도권이라 부르는 지역은 대한민국 수도 서울과 경기도 전체를 말한다. 하지만 필자는 이제 수도권이라는 단어를 쓰지 않는다. 서울과 경기도를 분리해서 본다. 서울 부동산과 경기도 부동산은 완전히 차별화되어 움직이기 때문이다.

　2014년 이후 계속된 아파트 상승기에 서울 아파트는 핵심지역인 강남과 한강벨트 선상의 한강 조망이 뛰어난 마용성(마포, 용산, 성동), 한남 뉴타운, 흑석 뉴타운 지역을 중심으로 계속해서 신고가를 써왔다.

　강북지역과 재건축 대상이 아닌 아파트는 서울 아파트 상승 랠리에서 상대적으로 소외되었다. 그러나 서울 핵심지역 아파트의 상승이 오랫동안 계속되면서, 소외되었던 강북권 아파트와 재건축 대상이 아닌 아파트마저 동반 상승하며 키 맞추기를 하고 있다.

　서울을 제외한 경기도 아파트는 서울 아파트와 다르게 양극단의 흐름을 보인다. 이 말은 경기도 아파트는 지역에 따라 완전히 다른 가격

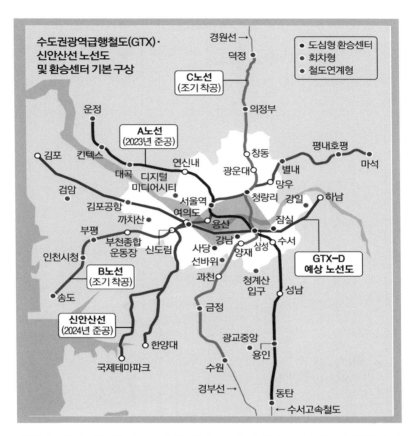

흐름을 보인다는 뜻이다. 사실 경기도 전 지역은 GTX와 지하철 연장 등 교통 호재가 없는 지역이 없다. 그럼에도 가격 흐름은 극단적인 양상을 보인다.

서울 강남을 기준으로 경기도 동남권은 2014년 이후 계속돼 아파트 상승기에 서울 핵심지역만큼 가격이 올랐다. 그러나 경기도 서북권의 중심도시인 일산과 파주 운정신도시는 많이 오르지 않았다. 수도권 교통의 혁명이라는 GTX A 노선이 들어감에도 불구하고 말이다.

분양가 상한제 규제 지역에 해당하지 않고 조정지역이 아닌 곳들이 대부분임에도 아주 조금 오르거나 그대로인 곳이 많다. 대표적으로 고양시, 안산시, 김포시 등이 있다. 심지어 교통 호재가 넘쳐나는 남양주 지역의 아파트도 느린 속도로 움직였다. 물론 2019년 하반기 들어 저금리와 유동성으로 갈 곳 없는 돈이 몰리자 이런 지역들도 조금씩 움직이기 시작하고 있다.

그러나 서울 강남을 기점으로 하는 경기도 동남권 지역은 연일 신고가를 써 내려가고 있다. 이것은 신분당선 연장 효과도 있지만 뿌리 깊게 자리 잡은 경기도 동남권 선호 때문이다.

여기서 경기도 동남권은 성남시 분당구, 용인시 동천, 신봉, 수지, 상현, 광교신도시, 판교신도시 등을 말한다. 이 지역은 신분당선 연장의 호재 특수를 톡톡히 누리고 있다. 중소형 아파트를 중심으로 신고가를 쓰고 있고 판교 아파트는 거의 강남 수준에 근접하여 거래되고 있다.

당연한 현상이다. 판교 IT 밸리에 좋은 기업이 모이니 양질의 일자리가 생긴다. 좋은 아파트와 주택이 생긴다. 이에 따라 편의시설도 들어오고 상권이 좋아진다. 직장이 가깝고 편의시설이 많으니 모두 판교에 살고 싶어 한다. 소득 수준이 높은 사람들이 모여 사니 학교도 발전하고 사설 학원들도 따라온다. 이것을 누가 막을 수 있겠는가?

사람들은 필자에게 이렇게 묻는다. "경기도 서북권에서 가장 유망한 지역으로 떠오르는 원흥지구, 삼송지구에 투자하는 것이 좋을까요? 아니면 지금까지 많이 올랐지만 신분당선 연장 특수를 누리는 광교신도시에 투자하는 것이 좋을까요?"

이런 질문을 받았을 때 나는 책임 회피를 위해 두루뭉술하게 말하지 않는다. 망설이지 않고 이렇게 말한다. "경기도 서북권의 원흥지

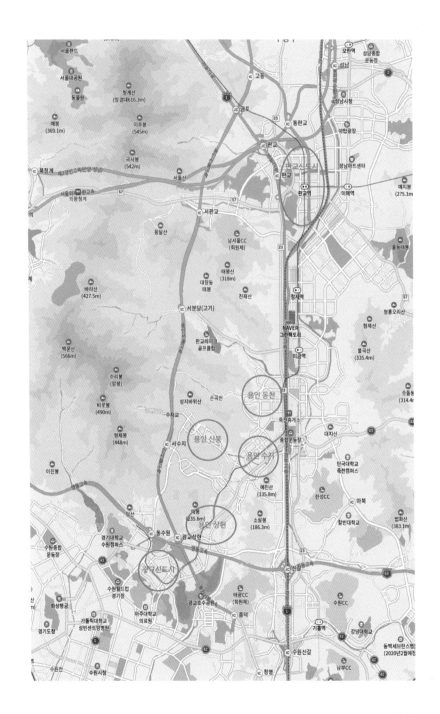

구, 삼송지구도 미래가 기대되는 지역임이 분명합니다. 경기도 동남권 아파트가 많이 오른 것은 사실이고요. 그러나 최근 아파트 시장은 오르는 지역의 아파트가 또 오르는 현상이 강합니다. 고민할 필요 없이 광교신도시 아파트에 투자하는 것이 좋습니다."

물론 내 생각이 절대적이라고 생각하지 않는다. 그러나 투자자는 물론이고 투자에 관심 없는 사람들에게까지 뿌리 깊게 박힌 경기도 동남권 선호는 쉽게 변하지 않는다고 믿는다. 그래서 이렇게 조언하는 것이다. 이것은 서울 강남 선호와 같은 개념이다. 투자는 돈이 모이고 사람이 모이는 곳에 하는 것이 기본이기 때문이다.

여러분도 앞으로 경기도 아파트에 투자하려고 하는가? 그렇다면 현재 가격이 올랐더라도 미래가 기대되는 경기도 동남권 지역 아파트에 투자하길 바란다. 다만 자신이 처한 상황에 맞춰서 투자해야 한다. 무주택자, 1주택자, 2주택자, 다주택자의 투자전략은 달라야 한다는 뜻이다.

부동산 투자는 오픈북 시험이다

투자할 때 언제 어디를 사야 하는지 모두 궁금해한다. 여기서 언제 사야 하는지는 '타이밍'을 뜻하고, 어디를 사야 하는지는 '입지'를 의미한다. 타이밍은 뒤에서 다루도록 하고 먼저 어디를 사야 하는지에 대해 생각해 보자.

누구나 어디를 사야 하는지, 어디가 좋아지는지, 어디가 미래가치가 높은지 등을 알고 싶을 것이다. 이를 위해 많은 사람들이 책을 보고, 강의를 듣고, 부동산 카페를 방문하고, 현장을 돌아다닌다. 그런데 어렵게 알아보지 않아도 된다.

답은 이미 나와 있다. 바로 '도시기본계획 2030' 문서다. 도시기본계획은 도시가 지향하여야 할 바람직한 미래상을 제시하고 장기적인 발전 방향을 제시하는 법정계획이다. 물리적인 개발뿐만 아니라 인구, 산업, 사회, 환경, 보건까지 포괄한다. 따라서 이 문서만 잘 살펴보면 각 도시에서 어디가 좋아질지 쉽게 알 수 있다.

이 문서는 각 시청 홈페이지에서 찾을 수 있다. 시청 홈페이지에서 찾기 어렵다면 구글을 활용해라. 구글에서 '서울시 도시기본계획'으로 검색하면 PDF 문서를 쉽게 찾을 수 있다. 아래는 서울시청 홈페이지의 '도시기본계획 2030'이다. 문서를 내려받아 읽어보면 누구나 서울시 개발 방향을 알 수 있다.

서울시 도시기본계획 내용은 방대하다. 차근차근 꼼꼼하게 읽으면 좋다. 그러나 시간이 부족한 사람은 개발계획 그림 위주로 봐도 큰 도움이 된다.

이 문서를 보면 서울시는 3도심, 7광역 중심, 12지역 중심으로 개발한다고 나와 있다. 아래 그림을 보면 어디에 투자해야 하는지 바로 보이지 않는가? 1순위 투자지역은 3도심이고, 2순위는 7광역 중심, 3순위는 12지역 중심임을 누구나 알 수 있을 것이다.

구체적으로 짚어보자.

3도심은 한양도성, 영등포·여의도, 강남이다.

7광역 중심은 용산, 청량리·왕십리, 창동·상계, 상암·수색, 마곡, 가산·대림, 잠실이다.

12지역 중심은 도심권(동대문), 동북권(망우, 미아, 성수), 서북권(신촌, 마포, 공덕, 연신내·불광), 서남권(목동, 봉천, 사당·이수), 동남권(수서·문정, 천호·길동)이다.

서울시는 이 지역들을 핵심 거점으로 삼아 개발하고, 각 지역을 연계할 수 있도록 교통망을 구축한다는 큰 그림을 그린 것이다.

이제 서울시 광역교통망에 대한 내용을 보자. 아래 그림에 GTX 노선도가 보이며 신분당선과 신안산선 등의 노선도 보인다. 그리고 문서 본문에 이런 내용이 있다. '서울의 권역생활권 중 가장 많은 인구가 밀집하고 있는 동북권을 활성화하기 위하여 KTX의 연장을 추진하되, 청량리·왕십리, 창동·상계 등을 주요거점으로 연계하여 토지이용계획과 교통계획이 통합적으로 수립되도록 함.'

이런 식으로 어디가 좋아질지 힌트를 준다. 박원순 시장의 강북 프로젝트와 여의도, 용산 개발계획도 뜬금없이 나온 것은 아니다. 도시기본계획 2030을 토대로 확장한 것이다. 모든 도시개발의 밑그림이라고 봐도 좋다.

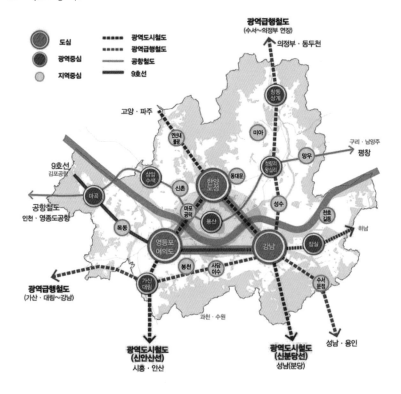

서울은 이미 많이 올랐는데 이게 진짜 도움이 되냐고 묻는 사람도 있을 것이다. 그렇다. 큰 도움이 된다. 이 문서를 열어보면 2014년도에 발표되었음을 알 수 있다. 조금씩 바뀐 부분들은 있겠지만 큰 틀은 이미 오래전부터 나와 있었다. 정부가 미리 찍어준 지역인 셈이다.

'도시기본계획 2030'에는 서울 각 권역별로 자세한 그림들도 나온다. 아래는 '서울 동북권 발전구상도'이다. 동북권 핵심지역이 보이지 않는가? 청량리·왕십리, 창동·상계, 성수 쪽이 가장 좋겠지만, 주머니 사정이 여의치 않다면 자금 상황에 맞는 지역을 고르면 된다.

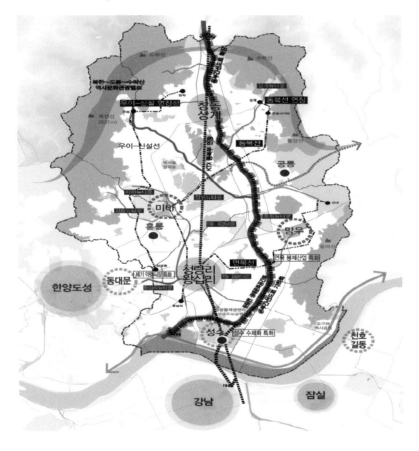

'서울시 도시기본계획'은 지금까지 4차례 발표되었다. 1990년, 1997년, 2006년, 2014년이다. 새로운 도시기본계획이 발표될 때마다 관심을 가지고 읽어보기 바란다.

여기서는 서울을 예로 들었지만 다른 도시도 모두 도시기본계획 문서가 있다. 새로운 도시에 관심을 가졌다면 가장 먼저 읽어보고 공부해야 할 자료다. 이것도 못하겠다면 당신은 투자에 관심도 재능도 열정도 없는 것이다.

부동산 투자는 이런 정보가 없거나 몰라서 못하는 것이 아니다. 부동산 투자는 오픈북 시험이다. 답은 모두 나와 있다. 어디에 투자할지 공부하고 배우는 데 시간과 돈을 낭비할 필요가 없다.

당신이 그동안 투자를 하지 못했다면 부동산에 관심이 없거나 용기가 없기 때문이다. GTX 얘기가 나온 지도 벌써 10년이 훨씬 넘었지 않은가? 용기 있는 사람은 샀고 용기 없는 사람은 못 샀을 뿐이다. 여기서 부자와 빈자가 갈리는 것이다.

사이클을 이용하여 투자하라

신문, 방송, 경제연구소는 시장의 경기지표가 나빠지면 어김없이 부정적인 보고서를 쏟아낸다. 이들은 단순히 경제지표만 보고 시장을 분석한다. 그래서 조금만 거시경제가 나쁜 모습을 보이면 늘 같은 레퍼토리를 읊는다.

여기에 한술 더 떠서 폭락론자들이 나타난다. 〈부동산 대폭락 시대가 온다〉 같은 책들이 베스트셀러가 된다. 사람들은 이런 책이나 글에 현혹되어 집 살 생각을 하지 않는다. '폭락하면 싸게 사야지.'라고 생각한다.

그런데 막상 가격이 내려가면 더 내려갈까 봐 못 산다. 시간이 지나면서 경제가 전천히 회복되고 부동산값이 오르기 시작한다. 진짜 사야 할 때가 왔지만 과거 가격보다 몇천만 원 올랐으니 아까워서 못 산다.

'분명히 앞으로 더 떨어질 거야'라고 생각하며 자신을 위로한다. 조금 시간이 지나자 부동산값이 폭등하기 시작한다. 결국 땅을 치고 후

회한다. 바로 당신의 모습이다.

부동산은 지금까지 일정한 주기로 움직였다. 영원히 오르지도 않고 영원히 떨어지지도 않는다. 아래 그림처럼 오르고 내리고를 반복하며 우상향한다. 우리는 이런 진리를 곧잘 잊어버린다. 이것이 과거를 공부하고, 현재를 냉정하게 살펴보고, 미래를 준비해야 하는 이유다.

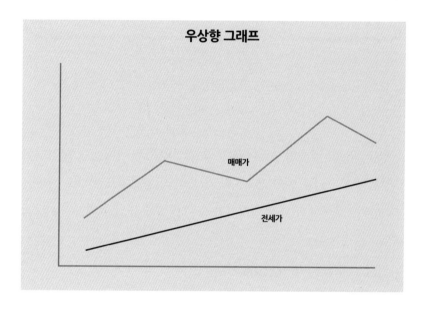

위 그림처럼 매매가는 크게 올랐다가 크게 빠진다. 즉 거품이 꼈다가 빠졌다가 하면서 우상향한다. 반면 전세가는 등락의 폭이 작고 안정적으로 꾸준히 오른다. 이것이 일반적인 부동산의 상승 흐름이다. 이 그래프를 기억해 두기 바란다.

지금 타이밍을 얘기하고 있지만, 부동산 투자는 첫째도 입지, 둘째도 입지, 셋째도 입지다. 그러나 서울 강남 아파트를 2008년 고점에 샀다면 2013년까지 마음이 괴로웠을 것이다. 물론 지금까지 계속 보유했다면 충분한 보상을 받았겠지만 말이다. 이왕이면 살 때 너무 비싸지 않은 적당한 가격에 사면 좋지 않겠는가? 지금부터 이 '타이밍'에 대해 생각해 보자.

과거에는 부동산 실거래가격이 공개되지 않았다. 그래서 깜깜이 거래를 할 수밖에 없었다. 현장에 가지 않으면 시세 움직임을 알 수 없었다. 소수의 사람만이 이런 정보를 취득하고 투자에 활용할 수 있었다.

그러나 2006년 실거래가 신고가 의무화되면서 시대가 변하기 시작했다. 누구나 쉽게 인터넷이나 스마트폰으로 실거래가를 알 수 있게 되었다. 지금은 누구나 동시에 같은 데이터를 얻을 수 있다.

하지만 실거래가는 데이터에 불과하다. 실거래가 데이터만 보고 투자판단을 하기는 쉽지 않다. 이에 불편을 느낀 몇몇 선구자들이 나타났다. 이들은 이러한 데이터를 모아 가공하여 통계와 그래프를 보여주기 시작했다. 대표적으로 직방, 호갱노노, ZIP4, 부동산지인 등이 있다. 완전 무료로 제공하는 곳도 있고, 기본적인 정보는 무료로 제공하되 일부는 유료로 제공하는 곳도 있다.

직방: https://www.zigbang.com/home/apt/map
웹 사이트와 앱을 모두 제공하며, 검색으로 아파트 단지 시세를 쉽게 확인할 수 있다.
지역별 매매가 전세가 그래프와 아파트 단지의 매매가 전세가 그래프가 유용하다.

호갱노노: https://hogangnono.com
웹 사이트와 앱을 모두 제공한다. 기술력을 인정받아 직방에 인수되었다.
아파트 시세 파악이 쉽고, 인구변화, 공급, 거래량 등을 쉽게 파악할 수 있다.

부동산지인: https://aptgin.com
웹 사이트와 앱을 모두 제공한다.
가격, 세대수, 면적, 연식 등의 조건을 입력하여 원하는 아파트를 쉽게 찾을 수 있다.

ZIP4: https://zip4.co.kr
일부 자료는 무료로, 일부 자료는 유료로 제공된다.
투자판단을 하기 쉽게 시각화하여 보여주는 것이 장점이다.

이런 정보를 적절히 활용하면 투자 타이밍을 잡는 데 도움이 된다. 단 이것이 만능은 아니다. 우리가 일일이 데이터를 찾고 분석할 필요가 없도록 시간과 노력을 줄여줄 뿐이다. 즉 편하고 빠르게 판단할 수 있도록 돕는 역할을 하는 것이다.

여기서는 무료로 제공되는 직방으로 살펴보겠다. 과거 서울시 아파트의 매매가 전세가 그래프를 통해 실제로 서울시의 매매가격과 전세가격이 어떻게 움직였는지 살펴볼 것이다.

먼저 주소창에 'http://zigbang.com/home/apt/map'을 입력하자. 지도를 확대하거나 축소하면서 '서울특별시'가 보일 때까지 크기를 조절하자. 지도의 '서울특별시'를 클릭하면 오른쪽에 최근 3년 치 매매가 전세가 그래프가 나온다. 여기서 '전체'를 클릭하자.

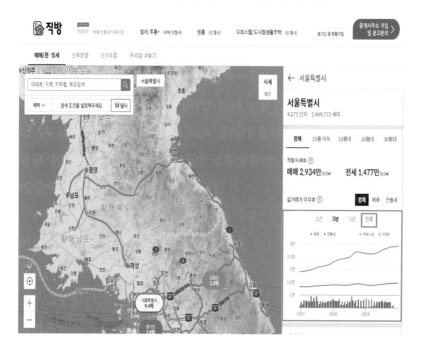

아래와 같은 그래프가 보일 것이다. 서울시 아파트 매매가는 2008년부터 2013년까지 하락했고, 2014년부터 지금까지 상승했음을 알 수 있다. 반면에 전세가는 큰 기복 없이 꾸준히 상승하는 모습도 확인된다. 즉 전세가는 꾸준히 상승하고, 매매가는 거품이 꼈다 빠졌다 하면서 상승한다.

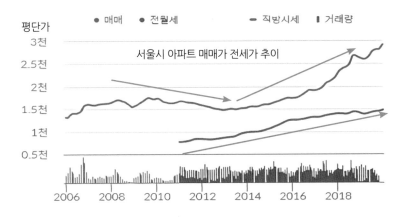

같은 방법으로 부천시 매매가 전세가 그래프를 보자. 서울과 비슷한 모습으로 움직이고 있다.

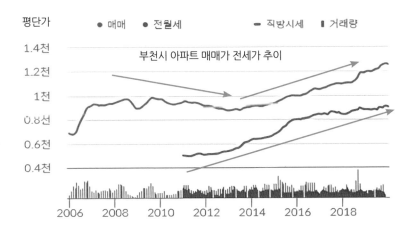

여기서 두 그래프의 공통점은 무엇인가? 매매가와 전세가의 간격이 크게 벌어졌다가 차차 좁아지고, 전세가와 매매가가 동반 상승하는 모양이라는 점이다.

이처럼 매매가의 하락세가 멈춘 듯한 모습을 보이고, 매매가와 전세가의 간격이 좁혀졌다가 동반 상승할 때가 적당한 투자 시점일 확률이 높다. 단순한 방법이지만 인구가 밀집한 수도권에서는 충분히 투자에 활용할 수 있다. 다만 세상에 100% 확실한 투자비법은 없음을 잊지 말자. 그저 성공 확률을 조금 더 높여줄 뿐이다.

아래는 서울 성북구 돈암삼성 아파트의 매매가 전세가 그래프다. 서울 지역 그래프와 비슷한 모습을 보인다. 과거 그래프를 보면 최적의 매수 시점은 2014~2015년이다. 매매가와 전세가 모두 상승하기 시작했고, 매매가와 전세가의 갭도 작다. 이때 전세를 끼고 샀다면 가장 적은 돈으로 투자할 수 있었을 것이다. 이것이 기본적인 매매가 전세가 그래프 사용법이다.

완벽한 최저점을 잡기는 어렵다. 그런 행운은 아주 극소수에게만 찾아온다. 사실 어떤 지역이 막 오르기 시작했을 때 1년 안에만 들어가도 늦지 않다. 한 지역이 상승세로 바뀌면 적어도 3~4년 정도 오르는 모습을 보여주기 때문이다.

왜 그럴까? 수요와 공급의 원리 때문이다. 지방 도시를 예로 들어보자. 천안, 충주 등의 지방 아파트는 2010년까지 10년간 가격이 오른 적이 없었고 아무도 관심이 없었다. 돈이 안 되니 건설사가 아파트를 짓지도 않았다. 그런데 금융위기 이후 가격이 싸고 투자금이 적게 드니 월세를 받을 목적으로 투자자들이 몰리기 시작했다.

시대 흐름을 따라 이 지역에 1인 가구, 2인 가구도 많아지면서 아파트가 부족해지고 가격이 오르기 시작했다. 그러자 건설사들이 지방에 아파트를 마구 짓기 시작한다. 가격이 오를 때는 높은 가격에 분양할 수 있어서 돈이 되기 때문이다.

그런데 아파트는 빠르게 지어서 올릴 수 없다. 정부 인허가를 받고, 기반 공사를 하고, 아파트를 짓고, 입주까지 완료하는 데 3~4년이 걸린다. 즉 공급이 부족한 상태가 3~4년 정도 유지된다. 이런 특성 때문에 한 지역이 오름세를 타면 3~4년은 가는 것이다.

3~4년 후 건설사들이 지은 아파트에 사람들이 입주하면 아파트 수요보다 공급이 많아진다. 아파트값이 하락하기 시작한다. 아파트값이 떨어지자 아무도 아파트에 관심을 두지 않고 사지도 않는다. 미분양이 나기 시작한다. 건설사들도 아파트를 더 이상 짓지 않는다.

이렇게 몇 년의 시간이 지나면 다시 아파트 공급이 부족해진다. 그러면 또다시 아파트값이 오름세를 탄다. 이것이 기본적인 수요, 공급의 원리다. 부동산 사이클의 원리이기도 하다. 수도권이든 지방이든 아파트 투자를 할 때 기본적인 수요, 공급의 원리를 알면 성공 확률을 조금 더 높일 수 있다.

아래는 ZIP4에서 무료로 제공하는 서울시 입주물량이다. 연평균 입주물량은 35,618호다. 입주물량이 평균보다 많으면 공급이 많고, 적으면 공급이 부족하다고 볼 수 있다. 2012년부터 계속 공급이 부족했음을 알 수 있다. 앞으로도 공급이 계속 부족할 것으로 보인다. 이런 식으로 각 사이트나 앱에서 제공하는 정보를 활용하면 좋다.

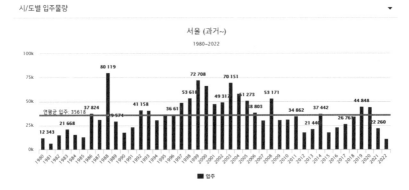

모든 분석 방법은 단순할수록 좋다. 복잡한 것은 이해하기도 어렵고, 머리만 더 혼란스럽게 만들기 때문이다. 복잡한 것은 답이 아닌 경우가 많다는 것을 꼭 기억하자.

참고로 지금 서울은 수요가 많고 공급은 부족하다. 더 이상 아파트를 지을 땅도 없고, 재개발, 재건축도 규제 때문에 쉽지 않다. 이런 이유로 서울 아파트는 조정을 받으면서 계속 올라갈 가능성이 크다고 본다. 다만 어디가 고점일지는 아무도 모른다. 서울 아파트 투자를 염두에 두고 있다면 이것을 꼭 기억하기 바란다.

그럼 이제 어떤 아파트를 사야 하는지만 남는다. 이것도 쉽게 생각하자. 내가 사는 지역의 아파트를 둘러봐라. 안 오른 아파트가 있는가? 거의 모든 아파트가 다 올랐을 것이다. 이것이 바로 부동산의 특성이다. 한 지역이 오르면 그 지역 아파트는 다 함께 손잡고 오른다. 즉 특별한 아파트가 아니어도 오른다. 부동산 투자가 쉬운 이유다.

반면에 주식시장은 어떤가? 주식시장에서 바이오 섹터가 유망하다고 하자. 이때 바이오 섹터에서는 오르는 종목만 크게 오른다. 안 오르는 종목도 많고 심지어 폭락하는 종목도 많다. 종목을 잘 고르지 않으면 소외감과 박탈감에 시달린다. 좋은 종목을 잡았어도 변동성이 심해 끝까지 들고 있기도 어렵다. 주식투자가 어려운 이유다.

부동산 대세 상승기에는 아무 아파트나 사도 된다. 어지간한 아파트는 모두 오르기 때문이다. 아래는 직방으로 본 4호선 길음역 주변 아파트다. 모든 아파트가 오르고 있다. 색상이 진할수록 강한 오름세고, 옅을수록 약한 오름세다. 다만, 책 지면은 흑백이라 색상 구분이 뚜렷하지 않을 수도 있다. 꼭 직방 지도로 직접 살펴보기 바란다.

부동산 상승기에는 각 지역의 핵심 아파트가 가장 먼저 오르고 많이 오른다. 서울로 말하면 강남 지역이다. 강남 핵심 아파트가 많이 오르면 잠시 숨 고르기를 하거나 가격 조정이 온다.

그러면 강남과 가까운 지역의 2급지 아파트가 키 맞추기를 하면서 오른다. 2급지 아파트도 많이 오르면 마찬가지로 잠시 쉬어 가거나 조정이 온다.

이제 서울 외곽의 3급지 아파트가 키 맞추기를 하면서 오른다. 더 오를 아파트가 없으면 100세대 미만의 나홀로 아파트도 오른다. 이것이 바로 부동산 대세 상승기에 볼 수 있는 현상이다.

따라서 상승장 초기에는 비싸더라도 핵심 아파트를 사야 한다. 조금 늦었다 싶으면 2급지 아파트를 사라. 2급지도 늦었다 싶으면 3급지 아파트를 사라. 이런 원리를 알고 때와 상황에 맞는 아파트를 잘 골라서 월급쟁이 부자의 길로 가기 바란다.

서울 아파트 투자사례

모두 서울 아파트 투자에 돈이 많이 든다고 생각한다. 2019년 기준으로 맞는 말이다. 하지만 2014~2017년까지만 해도 서울 아파트 투자에 돈이 그렇게 많이 들지 않았다. 아파트가 강남, 서초, 송파에만 있는 것도 아니기 때문이다.

서울 강북 소형 아파트 투자사례를 보자. H씨는 성북구 돈암동에 있는 돈암풍림아파트 24평형(전용 59.4㎡) 아파트를 2017년 4분기에 매수했다. 이 아파트는 4호선 길음역과 성신여대역 중간에 있다. 지도상으로는 평지로 보이지만 실제로는 언덕이다. 흔히 '미아리고개'라고 부르는 곳이다. 주변에 개운중학교와 성신여고가 있다. 성신여대와 고려대학교가 가깝다는 점 외에 그다지 특별한 것은 없다.

성신여대입구역은 4호선과 우이경전철 환승역이다. 역 주변은 번화가로 젊은이들이 많이 모인다. 상권이 발달해 있어 쇼핑이 편리하다. 네이버 지도에서 '지적편집도' 버튼을 누르면 분홍색으로 상권이 표시된다. 지적편집도를 보면 이 주변이 중심 상권임을 쉽게 알 수 있다.

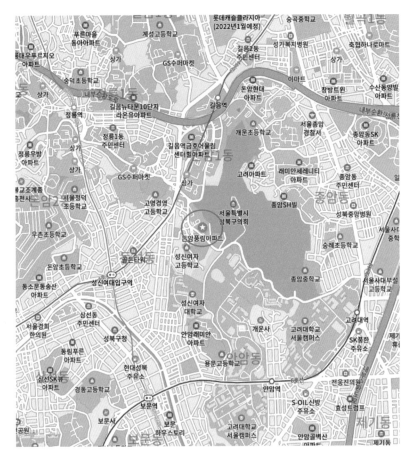

투자하기 위해 지도를 볼 때 꼭 확인해야 하는 것이 바로 '지적편집도'다. 부동산 투자는 돈이 모이고 사람이 모이는 곳에 하는 것이 기본이기 때문이다. 즉 투자할 지역의 상업 중심지를 파악하는 것이 중요하다. 강남도 강남대로를 중심으로 상권이 발달하고 그 주변에 비싼 아파트들이 많은 것처럼 말이다.

상업 중심지를 파악할 때 유용한 팁이 있다. 네이버 지도에 '스타벅스'를 입력해라. 그럼 스타벅스 위치가 표시될 것이다. 그 주변이 유동

인구가 많고 상권이 발달한 곳이라고 보면 거의 틀림없다.

H씨는 왜 2017년 4분기에 이 아파트를 샀을까? 그는 2014년 ~2015년에 서울 아파트를 사지 못한 것을 후회하고 있었다. 조금 늦은 감이 있지만 노무현 정부 때의 학습효과도 있고, 한 채는 꼭 사야겠다고 생각하여 아파트를 찾기 시작했다. 성북구와 강북구의 3억 원 전후 아파트를 뒤지다가 찾은 것이 돈암풍림 아파트다. 여러모로 돈암풍림 아파트가 눈에 들어왔다고 한다.

'돈암동은 종로나 광화문으로 출퇴근하기 괜찮고, 강남 쪽에 갈 때도 지하철로 40~50분이면 갈 수 있다. 주변에 중학교와 고등학교 가깝고 성신여대와 고려대학교도 가깝다. 지금 3억 3,000만 원 정도에 거래되고 전세가는 2억 6,000만 원에서 2억 2,700만 원이다. 전세를 끼고 사면 투자금은 6,000~7,000만 원 정도다. 이 정도면 해 볼 만하다.'라고 생각했던 것이다.

그는 돈암풍림 아파트를 매수하기로 마음먹고, 인근 부동산에 매물로 나온 아파트가 있는지 문의했다. 때마침 3억 3,000만 원에 나온 아파트가 있었다. 이 아파트에는 신혼부부가 2억 7,000만 원에 전세를 살고 있었다. 중개사와 함께 집을 방문하여 둘러보고 바로 계약했다.

아파트를 사기로 마음먹긴 했지만 막상 계약할 때는 망설였다고 한다. 돈암풍림 24평형은 2014년만 해도 2억 4,000만 원에 거래됐고, 2017년 4분기 기준으로 1억 원 가까이 올랐기 때문이다.

그런데도 그는 서울 아파트는 더 떨어지지 않으리라고 믿고 용기를 내서 샀던 것이다. 막차일지도 모른다는 심정으로 말이다. 이 아파트는 2019년 11월 기준으로 4억 원이 넘는 가격에 거래되고 있다.

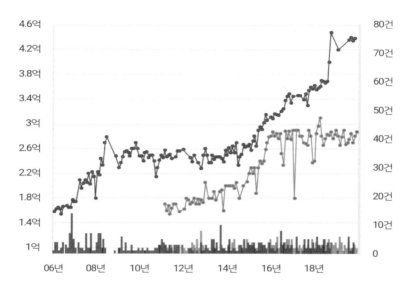

그는 강북구 아파트에 전세를 살고 있는데, 그동안 치솟는 전세금을 올려주느라 고생했던 기억이 떠올랐고, 고심 끝에 이런 결론을 내리고 매수할 수 있었다고 한다.

'내가 사는 아파트의 전세금이 오르면 돈암풍림 아파트의 전세금도 오를 것이다. 돈암풍림에서 전세금을 올려 받아서 내가 사는 아파트의 전세금에 보태자. 내가 사는 아파트의 전세금이 떨어지면 돈암풍림 아파트의 전세금도 떨어질 것이다. 집주인에게 돌려받은 돈으로 돈암풍림 세입자에게 내주자.'

당시는 '8.2 부동산 대책'으로 시장에 대한 우려의 소리가 많았다. 시장 분위기도 침울했다. 2018년 4월 1일부터는 다주택자에게 양도세 중과세를 한다고 하여 다주택자의 매물이 나오고 있었다. 모두 시장을 좋지 않게 봤으며, 아파트를 팔까 말까 고민하던 때였다.

이처럼 투자는 언제나 불확실한 상황에서 결정하는 것이다. 만약

2015년에 매수하기로 마음먹었어도 그 당시에는 또 불안했을 것이다.
지금은 결과를 보고 얘기하는 것이지만 2015년에는 그때 나름대로 또
불안했을 것이다. 2015년에 시세 그래프를 봤다면 아래와 같다. 여기
서 오를지 떨어질지 누가 알겠는가?

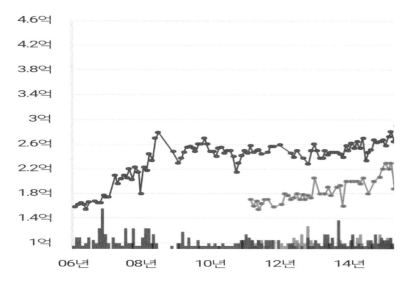

시장에 계속 몸담고 굴렀던 사람은 이때 사야 한다는 것을 느꼈을
수도 있다. 반면에 평소에 시장을 멀리하고 관심이 없었다면 기회를
보고도 기회인지 모를 것이다.

우리가 평소에 부동산에 관심을 가지고 시장을 지켜보고 공부해야
하는 이유다. 그래야 기회가 왔을 때 기회인 줄 알고 잡을 수 있다. 지
금은 100세 시대다. 지금도 늦지 않았다. 언제나 시장을 가까이하고
늘 깨어 있기 바란다.

오피스텔 투자사례

오피스텔은 오피스(office)와 호텔(hotel)의 합성어로 사무실과 주거의 기능을 겸한 건물을 말한다. 오피스텔은 주택법의 적용을 받지 않고 건축법의 적용을 받는 업무시설이다. 오피스텔은 주택이 아니므로 취득세가 4.4%다. 주택이 아니지만, 실정법상 오피스텔에 전입신고를 하여 살고 있으면 종합부동산세 또는 양도세 중과세 대상이 될 수도 있다.

오피스텔은 기본적으로 임대를 목적으로 하는 부동산이다. 도심, 역세권, 대학가 인근에 많다. 직장과 가까운 곳에 살고 싶은 직장인이나 학교와 가까운 곳에 살고 싶은 대학생들이 많이 이용한다. 아파트와 비교할 때 값이 저렴하여 적은 돈으로 투자할 수 있다.

흔히 오피스텔 가격은 안 오른다고 생각하는데, 그렇지 않다. 을지로에 위치한 정건벨라지오 오피스텔을 보자. 1호선, 2호선, 3호선, 4호선, 5호선이 근처에 있어 교통이 편리하고 입지가 좋다. 주변에는 방산 시장과 국립중앙의료원이 있다.

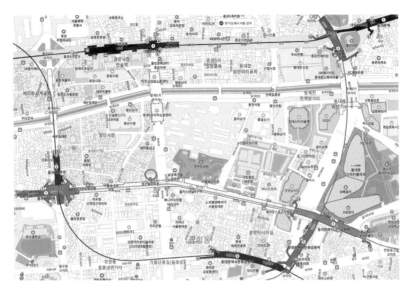

이 오피스텔은 M씨의 실제 투자사례다. 그는 현장에 가서 오피스텔과 주변을 둘러보고 입지도 좋고 값도 싸고 수익률도 너무 좋다고 생각했다. 당시 부동산 초보자인 그가 보기에도 너무 매력적으로 보였다. 2009년에 이 오피스텔은 8,000만 원대에 거래되고 있었다. 그는 법원에 가서 경매로 낙찰받았다.

매수가, 취득세, 수리비를 포함하여 총 취득가는 7,500만 원 선이다. 신협에서 7% 금리로 5,000만 원을 대출받았고 보증금 2,000만 원에 월세 40만 원으로 임대 놓았다. 월세를 낮추고 보증금을 많이 받은 이유는 실투자금을 줄이기 위해서다.

그럼 실투자금은 500만 원(= 취득가 7,500 – 대출 5,000 – 보증금 2,000)이다. 매달 월세 40만 원을 받아 이자 29만 원을 내고 11만 원이 남는다. 500만 원을 들여 매년 130만 원 수익을 얻은 셈이다. 실투자금 대비 수익률은 무려 26%다.

> **대출 없이 현금으로 매수한 경우**
> 8.7% = 월세 40만 원 x 12개월 / (취득가 7,500만 원 - 보증금 2,000만 원)
>
> **대출 5,000만 원 / 금리 7%**
> 26% = (월세 40 - 이자 29) x 12개월 / (취득가 7,500 - 대출 5,000 - 보증금 2,000)

어떤가? 훌륭하지 않은가? 타인의 자본(대출, 보증금)을 레버리지로 잘 활용하면 이렇게 수익률이 높아진다. 그가 다소 높은 금리에도 불구하고 대출을 많이 해주는 신협을 선택한 이유다. 그는 이런 식으로 시흥시 정왕동과 부천 상동 오피스텔에도 투자했다고 한다.

그는 계속 월세를 받다가 2016년 1억 1,000만 원에 매도하였다. 3,500만 원의 시세차익을 보았고 양도세는 100만 원 정도 냈다. 7년 정도 보유했기 때문에 장기보유특별공제를 많이 받아 양도세 부담은 없었다. 그는 돈이 필요해서 오피스텔을 팔았고 그 돈으로 서울 소형 아파트에 재투자했다.

이 오피스텔은 2019년 하반기 기준으로 1억 1,500만 원 선에 거래되고 있고, 지금도 가격이 꾸준히 오르는 추세다.

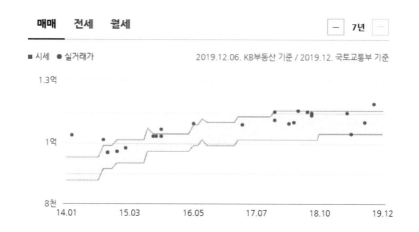

이 오피스텔 월세는 10년 넘게 1,000/50만 원 수준으로 특별한 변화가 없다. 자, 현재 매매가 1억 2,000만 원으로 이 오피스텔을 매수하고 1000/50만 원에 월세를 놓는다고 가정하자. 수익률은 얼마인가? 대출 없이 전액 현금으로 사면 수익률은 5.5%이다. 대출을 잘 활용하면 10% 이상의 수익률도 가능하다.

수익률 계산방법
5.5% = 월세 50만 원 x 12개월 / (취득가 1억 2천만 원 - 보증금 1,000만 원)

이 정도면 실질금리 0% 시대에 준수한 수익률이다. 을지로는 임대수요도 꾸준하고 미래가치도 괜찮은 곳이다. 이 정도면 현재 시점에서도 꽤 괜찮은 투자가 아닌가?

오피스텔에 관심이 있다면 네이버 부동산 등을 활용하여 서울 지역을 샅샅이 훑어보기 바란다. 서울에서 못 찾겠으면 수도권의 역세권 주변을 찾아라. 이 오피스텔처럼 입지도 괜찮고 수익률도 괜찮은 물건을 찾을 수 있다. 좋은 오피스텔은 내 곁에도 있고 당신 곁에도 있다. 눈에 보이지 않을 뿐이다. 찾지 않으니까 보이지 않는 것이다.

단 오피스텔 월세 수익률은 입지에 따라 수익률을 다르게 따져야한다. 서울 중심지는 5% 수익률도 훌륭하지만, 서울이라도 약간 외진 곳이나 수도권이라면 5% 수익률은 높지 않다. 이런 지역은 위험성을 고려해서 7~10% 수준의 수익률을 노려야 할 것이다.

수도권에 이런 곳이 있냐고? 많다. 대표적으로 시흥시 정왕동, 안산시 고잔동, 수원시 인계동, 부천 중동, 인천시 구월동 등이 있다.

참고로 시흥시 정왕동은 최근 제조업 부진의 여파로 오피스텔 매매

가격과 월세가격이 내림세를 보이니 주의하기 바란다. 어떤 면에서는 싸게 살 기회이기도 하다. 선택은 각자의 몫이다.

지금까지 오피스텔 투자의 장점만 얘기했는데 주의점과 단점도 잘 알아두어야 한다.

첫째, 매매차익 목적으로 접근하지 않아야 한다. 전세를 끼고 사면 매년 재산세만 나간다. 주택보다 재산세가 비싸서 부담이 크다. 오피스텔 매매가격이 언제 오를지 아무도 모르기 때문이다.

둘째, 임차인을 구할 때 중개수수료도 훨씬 비싸고, 팔 때 매매 수수료도 비싸다. 네이버에서 '중개수수료' 검색어를 치면 중개수수료 계산기가 나온다. 직접 값을 입력하여 주택과 비교해 보기 바란다.

셋째, 주변 환경의 영향을 받지 않는 곳을 골라야 한다. 예를 들면 공단 옆이라고 무조건 임대가 잘 나가는 건 아니다. 경기 불황으로 공단이 죽으면 매매가와 임대료가 모두 내려가고 공실이 날 수 있다. 또 대학교가 옆이라도 지방이나 외진 곳에 있는 오피스텔은 사지 말아라. 대학교의 미래도 불투명한 시대이기 때문이다.

넷째, 임대사업자를 내는 조건으로 파는 오피스텔은 사지 말아라. 건물분 부가세 환급 등의 세금 혜택은 전 소유자가 다 보고, 매수자에게 의무만 넘기는 것이다.

빌라를 활용한 셰어하우스 투자사례

과거 고성장 시대에는 집이 많이 부족했다. 집이 사회 문제가 되자 노태우 정부는 주택 200만 호 건설에 박차를 가했다. 다세대주택(이하 빌라)은 집이 부족하던 시절에 뚝딱뚝딱 마구 지었던 주택으로 주변에서 흔하게 볼 수 있는 빨간 벽돌집이다. 빌라는 건물 한 동당 건축면적 660㎡ 이하로, 4층(필로티 구조는 5층), 19가구 이하의 주택을 말한다. 각 호수마다 개별적으로 등기할 수 있고, 호수마다 소유자가 구분된다.

과거 노무현 정부 때는 재개발을 대규모로 추진했었다. 재개발은 낡은 빌라를 허물고 대규모로 아파트를 짓는 것이다. 빌라 소유자에게는 새 아파트를 주고, 여분의 아파트는 임대아파트로 공급하거나 일반 분양을 한다. 당시 재개발 빌라 투자가 엄청난 인기를 누렸다.

빌라는 건물 가치를 0원으로 보고 오로지 대지 지분으로 가치를 평가한다. 예를 들어 평당 2,000만 원, 평당 3,000만 원 식이다. 당시 빌라는 가치에 비해 비싸게 거래되며 거품이 크게 부풀어 올랐었다.

금융위기가 오면서 부동산이 폭락하고 빌라의 거품이 빠지자, 재개발을 추진할 이유가 없어졌다. 빌라는 비인기 상품이 되었고 아무도 관심 없는 애물단지가 되었다. 서울 아파트 대세 상승기에 서울 빌라도 약간 오르긴 했으나 아파트에 비해 그 폭은 작다.

오랫동안 살기 위한 실거주용으로 빌라는 괜찮은 선택이지만, 투자 가치는 많이 떨어진다. 일부 고급 빌라는 투자용으로 매수하기도 하지만, 서민이나 중산층이 이런 고급 빌라에 투자하기는 어렵다.

먼저 빌라에 투자하기 전에 꼭 알아야 하는 점을 짚어보자.

첫째, 결로와 곰팡이 문제다. 모든 빌라에서 발생하는 현상은 아니지만, 베란다가 없고 단열이 좋지 않은 일부 빌라에서 결로나 곰팡이가 심하게 발생한다. 겪어보지 않은 사람은 이것이 얼마나 피곤한 일인지 모른다. 이 때문에 임차인과 분쟁도 자주 일어난다. 고치고 싶어도 근본적인 문제 해결이 어렵다. 이건 정말 겪어 본 사람만 안다.

둘째, 과거와 달리 빌라를 허물고 재개발하기 어렵다. 지금은 정부 주도로 밀어붙이는 시대가 아니기 때문이다. 또한 박원순 시장은 재개발에 부정적이기도 하다. 그렇다 보니 값이 싸다는 점 외에 별다른 장점이 없다. 따라서 빌라 투자를 권장하기 어렵다.

셋째, 아파트처럼 관리주체가 없어서 관리가 잘 안 된다. 매달 몇만 원씩 청소비 걷는 것도 협조적이지 않다. 건물 가치를 높이기 위해 외벽에 페인트를 칠하자고 해도 아무도 반응하지 않을 것이다. 건물이 급속도로 노후화된다.

이런 저런 이유로 모두 빌라를 꺼린다. 하지만 빌라의 단점을 극복하고 높은 수익을 내는 사례도 있다. 요즘 유행하는 셰어하우스(share house)가 바로 그것이다. 빌라를 급매나 경매로 저렴하게 매입하고, 예쁘게 꾸며 20~30대 청년들에게 방을 하나씩 임대 놓는다. 주로 잠실, 성수 등의 역세권에서 멀지 않은 빌라나 대학교 인근 빌라를 매입하여 활용한다. 물론 아파트를 활용하는 경우도 있다.

빌라의 구조나 방 개수에 따라 다르지만, 공간을 잘 활용하면 3명~5명에게 임대를 놓을 수 있다. 1인당 보증금 100만 원에 월세 40~50만 원을 받으면 매달 120~200만 원의 현금 흐름을 만들 수 있다. 특히 1억 5,000만 원~2억 원 대의 빌라가 수익률이 높다.

이해를 돕기 위해 Y씨의 셰어하우스 실전 사례를 보자. Y씨는 2017년에 서울시 목동 빌라를 1억 6,600만 원에 경매로 낙찰받았다. 2003년에 준공했으며 대지는 6.3평이고 전용면적은 15평이다. 집 구조도는 아래와 같고 방은 3개다.

그녀는 수협에서 1억 4,900만 원을 3.47% 금리로 대출받아 잔금을 치렀고, 인테리어비 1,000만 원을 들여 젊은 층 취향에 맞게 꾸몄다. 낡은 집이 어떻게 바뀌었는지 결과를 보자.

젊은이들이 좋아할 만한 예쁜 집으로 탈바꿈하였다. 방마다 침대를 하나씩 놓고 거실과 화장실은 공동으로 사용하는 구조다. 이 집은 9호선 염창역이 마을버스로 두 정거장 거리에 있어 강남 쪽으로 가기도 나쁘지 않다.

이렇게 꾸민 집을 3명에게 임대 놓았다. 보증금은 100만 원이고 임대료는 각각 50만 원, 45만 원, 43만 원이다. 매달 총 138만 원의 임대료를 받는다. 관리비는 3명이 1/n로 나눠서 낸다.

그럼 수익률이 얼마인지 따져보자. 취득가는 1억 7,600만 원(= 낙찰가 1억 6,600만 원 + 수리비 1,000만 원)이다. 실투자금은 2,700만 원(= 취득가 1억 7,600만 원 - 대출 1억 4,900만 원)이다. 매달 월세 138만 원을 받아 대출 이자 43만 원을 내고 95만 원의 수익을 얻는다.

2,700만 원을 투자하여 매년 1,140만 원의 수익을 얻는 셈이다. 42%라는 놀라운 수익률이 나온다.

수익률 계산방법
42% = (월세 138만 원 - 대출이자 43만 원) * 12개월 / (취득가 1.76억 원 - 대출 1.49억 원)

어떤가? 갑자기 셰어하우스를 하고 싶은 생각이 들지 않는가? 그러나 셰어하우스는 단순히 임대 수익만 보고 투자하면 안 된다. 당연히 단점도 있다. 임차인의 특성상 거주 기간이 대체로 짧아 수시로 임차인을 구해야 할 수도 있다. 또한 집을 꾸미고 관리하는 데 잔손이 많이 들어가기도 한다.

따라서 손재주가 있는 사람, 간단한 수리를 직접 할 수 있는 사람, 인터넷을 잘 활용하여 임차인을 쉽게 구하는 사람 등에게 적합하다.

이런저런 이유로 셰어하우스는 4~5채씩 운영하는 기업형이 많다. 임차인 3명으로 138만 원의 월세를 받아 이자를 내고도 매년 1,000만 원이 넘는 순이익을 얻으니 말이다. 이 사례의 주인공 Y씨도 4채의 셰어하우스를 운영하고 있다.

다만 월세를 많이 받는다고 셰어하우스와 사랑에 빠지지 말아라. 세상일은 모두 양면성이 있다. 한쪽 면만 보면 안 된다. 직접 셰어하우스를 운영해 보지 않으면 모르는 문제들이 숨어 있다. 사장이 되어 보지 않은 사람은 사장이 겪는 고충을 모르는 것처럼 말이다.

Y씨의 말에 의하면 셰어하우스도 고시원처럼 경쟁이 치열하다. 홍대, 강남, 신림 등은 셰어하우스가 너무 많아 셰어하우스의 무덤이라고 불린다고 한다. 그녀가 목동에 셰어하우스를 오픈한다고 할 때 다른 셰어하우스 업자들이 "왜 그런 곳에 하나요?"라며 의아하게 생각했었다고 한다. 하지만 결과는 오히려 더 좋았다.

초저금리 시대지만 누군가는 이렇게 발상을 전환하여 예금금리의 20배가 넘는 수익을 올린다. 지금은 월세가 곧 연금인 시대다. 당신도 차근차근 준비하여 월세로 연금을 받을 수 있기를 바란다.

상가투자 실전사례

저금리 시대를 맞아 상가 열풍이 불면서 한때 상가 투자가 크게 유행했던 적이 있다. 그런데 상가 투자로 큰돈 벌었다는 이야기를 들어봤는가? 아파트로 돈 번 사람 얘기는 많이 들었어도 상가로 돈 벌었다는 이야기는 거의 못 들었을 것이다. 이것이 현실이고 팩트다.

알고 보면 상가는 진짜 고수들이 투자하는 상품이다. 상권은 시대적 상황, 지역적 상황, 입지, 교통 변화에 따라 수시로 변하고, 그에 따라 경제적 가치가 크게 달라지기 때문이다.

초보자는 절대로 상가를 쉽게 생각해서는 안 된다. 4억 원짜리 상가를 사서 매달 200만 원씩 월세를 따박따박 받으니 좋은 것 아니냐고? 아니다. 상가는 해 보지 않은 사람은 모르는 문제들이 숨어 있다.

상가의 문제점을 하나씩 살펴보자.

첫째, 상가는 임차인을 구하기 어렵다. 자영업을 하는 사람들이 주로 임차하기 때문이다. 주택은 월세 5~10만 원 내리면 금방 임차인을 구하지만, 상가는 10~20만 원 내린다고 임차인이 들어오지 않는다. 요즘 같은 불경기에는 장사가 잘 안되니 월세 연체도 많다. 3개월 치 월세를 연체하면 내보낼 수 있다고? 내보내는 것도 '인도명령'이라는 법적 절차를 밟아야 한다. 법원에 신청하고 실제 집행까지 시간과 비용이 든다. 또 내보내도 바로 임차인이 들어오지도 않는다.

둘째, 상가가 공실일 때 관리비 부담이 크다. 아파트 공실은 기껏해야 10만 원 수준이지만 상가 공실은 관리비 수준이 다르다. 매달 수십만 원씩 내야 한다. 대출이자도 나간다면 하루하루 피가 마르는 심정이 된다.

셋째, 상가에는 숨어 있는 비용이 많다. 먼저 재산세를 보자. 3~4억 원 수준의 상가는 매년 200~300만 원 정도의 재산세를 내야 한다. 이걸로 끝이 아니다. 각 층 바닥 면적 합계가 $1000m^2$ 이상이면 매년 교통유발부담금을 내야 한다. $150m^2$ 상가의 경우 매년 10만 원 정도가 나온다. 건물 바닥 면적 크기에 따라 금액이 더 늘어날 수도 있다. 또 차량이 건물로 출입하기 위해 보행자 도로를 지나는 경우 매년 도로점용료도 내야 한다.

넷째, 상가는 임대사업자를 내고 세금계산서를 끊어줘야 한다. 임차인도 매입 공제를 받아야 하기 때문이다. 월세의 10%를 부가세로 낸다. 여기에 매년 5월에 종합소득세도 낸다. 이처럼 상가에는 번거롭고 귀찮은 일이 많다. 여기에 하나 더, 사업자를 내면 지역 가입자로 전환되어 4대 보험료 폭탄을 맞을 수도 있다. 이런저런 것을 따지면 실제로 상가 수익률은 그리 높지 않다. 고수는 상가를 경매로 싸게 매입하여 수익을 내기도 하지만 초보자에게는 이것도 쉽지 않다.

다섯째, 상가 건물 소유자가 여러 명이면, 즉 호수마다 소유자가 다르면 소유자나 임차인끼리 다투는 일도 많다. 예를 들면 관리비 항목 중 주차 비용으로 싸운다. 어떤 업종은 차로 방문하는 손님이 많고, 어떤 업종은 도보로 방문하는 손님이 많기 때문이다. 간판 문제로 싸우고, 에어컨 실외기 설치 문제로 싸운다. 또 새로 임차인이 들어와서 필요한 인테리어 공사를 할 때 주변 소유자들이 동의서를 안 써줘서 싸우기도 한다. 상가 소유자가 되어 보지 않은 사람은 상가에서 발행하는 이런 문제를 전혀 모른다. 그저 짭짤한 월세만 생각한다.

아파트, 빌라, 오피스텔은 성공 사례를 이야기했지만 상가는 실패 사례를 이야기하겠다. 내 친구 이야기다. 내 친구들은 이제 사회에서 은퇴하는 세대다. 친구들이 은퇴하면서 노후를 위해 그동안 번 돈으로 수익성 부동산에 많이 투자한다.

그중 한 친구는 광교신도시 중앙역에 위치한 상가 1층 분양면적 16평짜리를 8억 원에 매입했다. 평당 5,000만 원이다. 이것은 괜찮은 투자일까? 함께 따져보자.

상가를 평가하는 기준은 무조건 수익성이다. 예금금리 1% 시대에 투자한다면 적어도 수익률 5%는 나와야 한다. 수도권 요지가 이 정도이고, 요지가 아니라면 7~10% 수준의 수익률이 나와야 투자가치가 있다. 그래야 재산세도 내고, 종합소득세도 내고, 4대 보험도 내고, 교통유발부담금도 내고, 도로점용료도 내고, 이익을 남길 것 아닌가?

만약 6% 수익을 목표로 하면 월세를 얼마나 받아야 하는가? 답은 400만 원이다. 아무리 역세권 1층 상가라도 실평수 10평도 안 되는 상가에 누가 월세 400만 원이나 내면서 들어올지 회의감이 들었다.

월세만 따졌을 때 400만 원이고 현실에서는 보증금을 받는다. 보증금을 1억 원이라고 가정하자. 그럼 보증금 1억 원에 월세 350만 원을 받아야 한다. 상가 수익률 계산 공식은 아래와 같다. 계산 편의를 위해 취득세나 법무비 등은 계산하지 않았다. 필요하다면 이런 비용을 취득가에 포함하면 된다.

수익률 계산방법
6.0% = 350만 원 x 12개월 / (취득가 8억 원 - 보증금 1억 원)

내 생각을 솔직하게 말하면 친구가 실망할까 봐, 이왕 투자했으니 잘되기 바란다고 말하고 전화를 끊었다. 사실대로 냉정한 현실을 말하면 친구의 마음만 아프게 한다고 생각했기 때문이다.

여러분은 이 투자를 어떻게 생각하는가? 새로 생긴 신도시에 새 상가를 분양받았고 월세를 따박따박 받으니 좋은 투자인가? 그렇지 않다. 신도시 상가 분양가는 애초에 거품이 크기 때문이다.

신도시 토지는 LH(한국토지주택공사) 등이 공급한다. 주택용지는 공공의 목적을 위해 저렴하게 공급한다. 집을 짓는 건설사도 정부 눈치를 보며 아파트 분양가를 책정한다.

그런데 상가는 주택처럼 규제가 없다. LH는 수익을 내기 위해 상가 용지를 왕창 공급하고 비싼 값에 넘긴다. 신도시 인구와 구매력을 따져서 적정하게 공급해야 하는데 말이다.

건설사도 상가를 짓고 비싸게 분양하여 이익을 듬뿍 남긴다. 이런 이유로 신도시 상가는 터무니없이 비싼 가격에 분양된다. 그래서 1층마저 텅텅 빈 상가가 많은 것이다.

사람들은 이런 사실을 잘 모른다. 그저 '강남까지 30분, 10만 배후 세대, 최고 입지' 등의 화려한 광고에 현혹된다. 분양 상담사의 화려한 말에 넘어간다. 분양 사무실을 나오는 순간 당신 손에는 어느새 분양 계약서가 쥐어져 있다.

물론 10년 후, 20년 후에는 분양 광고처럼 될 수도 있다. 하지만 신도시가 완성되고 아파트 입주를 끝냈다고 도시가 바로 활성화되지 않는다. 초기 신도시는 그저 잠만 자는 베드타운에 불과하다. 신도시 상가는 상권이 형성될 때까지 시간이 많이 걸린다.

이런 사실을 모르고 신도시 상가를 덜컥 분양받으면 임대도 못 놓고 대출이자와 공실 관리비만 내면서 한숨만 쉬게 된다. 배우자는 나를 탓하고 상가 분양 때문에 다투는 일도 생긴다.

이런 식으로 신도시 상가의 공실 문제가 커지면 신문에 이런 기사가 나오기도 한다.

"퇴직금 털어 상가 샀는데 노후 망쳤다. 임차인 1년째 못 구해"

'신도시 상가는 투자자의 무덤'이라는 말이 괜히 나온 게 아니다. 상가 투자에 관심을 가진 사람은 지금까지 말한 내용을 꼭 새겨 두기 바란다.

언젠가는 또 상가의 시대가 올지도 모르겠다. 하지만 지금은 확실히 아니다. 상가건물임대차보호법이 강화되어 임차인은 10년 동안 계약갱신을 청구할 수 있고, 권리금 문제도 상가 임대인에게 불리하기 때문이다.

비상구는 가까운 곳에 있다

우리가 사는 세상은 빠르게 돌아간다. 수시로 경제 상황이 바뀐다. 빠른 시장 변화를 따라잡기에 종이 책은 한계가 있다. 원고를 쓰고 나서 출간할 때쯤에는 벌써 시장 상황이 달라져 있기 때문이다.

이런 이유로 나는 수시로 변하는 경제 흐름에 흔들리지 않는 기본에 충실한 재테크 책을 내고 싶었다. 독자들이 한 번 보고 버리는 책이 아니라 두고두고 읽을 수 있는 소장 가치가 있는 그런 책 말이다. 재테크 시장에서 30년 간 활동하고 40여 권의 책을 낸 연식 있는 작가가 해야 할 의무라고 생각한다.

이 책은 내가 전업작가를 선언하고 나서 처음으로 세상에 내보내는 작품이다. 개인적으로 의미가 크고 감회도 새롭다. 내 나름대로는 누구나 쉽게 읽고 실생활에서 활용할 수 있는 책을 쓰고자 했다.

세상일에 관심을 가지기 시작한 대학생도, 막 직장인이 된 사회 초년생도, 회사일에 바빠 재테크와 거리가 멀었던 중견 직장인도, 어려운 경제나 재테크에 관심이 없던 주부도 술술 읽을 수 있는 그런 책 말이다.

이 책의 마침표를 찍어야 하는 시점이 오니, 과연 이 책이 내 의도에 맞게 쓰였는지 의문을 품게 된다. 물론 최종 평가는 이 책을 읽는 독자의 몫이지만 말이다.

재테크는 복잡하고 어려운 것이 아니다. 누구나 할 수 있다. 평소에 경제기사를 꾸준히 읽고, 세상 돌아가는 일에 관심을 가지고, 꾸준히 공부하면 된다. 그러다 보면 결정적인 기회가 반드시 온다.

기회가 왔는데 기회인지도 모르면 되겠는가? 언제 올지 모를 기회를 잡기 위해 지금부터 공부해야 한다. 기회가 왔을 때 공부하기 시작하면 이미 늦기 때문이다.

IMF와 금융위기를 겪어서 이미 알고 있지 않은가? 준비된 사람들은 기회를 알아보고 우량한 주식과 부동산을 주워 담아 큰돈을 벌었다는 사실을 말이다. 이번엔 당신 차례다. 그때를 위해 지금부터 경제와 재테크 공부를 시작해야 한다.

공부하면 길이 보인다. 길이 보이면 방법이 보인다. 방법이 보이면 실천만 남는다. 그때까지 시간이 좀 걸릴 뿐이다. 처음부터 준비된 사람은 없다. 누구나 다 이런 과정을 겪으며 부자가 된다. 지름길은 없다. 초중고 과정을 공부하지 않고 대학교에 들어갈 수 없는 것처럼 말이다.

사실 가장 빠르게 돈 버는 길은 사업이다. 그런데 모두 알지 않는가? 성공 확률이 매우 낮다는 것을. 사업 실패는 큰 상처를 남긴다. 나도 가족도 불행해지고 다시 일어서기도 어렵다. 물론 베스트셀러 작가가 되거나 100만 구독자를 가진 유튜버가 되는 길도 있다. 이것도 알다시피 아무나 못 한다.

우리에게 남은 길은 재테크뿐이다. 직장에서 열심히 일하며 안정적으로 월급을 받고 월급을 아껴 쓰며 종잣돈을 모아야 한다. 이렇게 모은 종잣돈을 금융상품, 부동산, 주식 등에 투자하여, 다양한 소득원을 만드는 방법이 가장 쉽고 현실적이다. 혹시 다른 길이 있는가? 다른 길이 없다면 지금 당장 재테크를 시작하기 바란다.

경제적 자유로 가는 길은 지루하고 외롭고 힘들다. 그 길에는 비도 오고 눈도 오고 바람도 불고 번개도 친다. 필자의 책이 그 길을 함께 걷는 따뜻한 동행이 되었으면 좋겠다.

쌈지선생 박연수

부자로 가는 마지막 비상구

초판 1쇄 2020년 2월 1일

지 은 이 박연수(쌈지선생)
펴 낸 이 묵향
편 집 묵향
교정교열 묵향
북디자인 송현아

펴 낸 곳 책수레
출판등록 2019년 5월 30일 제2019-00021호
주 소 서울시 도봉구 노해로 67길 2 한국빌딩 B2
전 화 02-3491-9992
팩 스 02-6280-9991
이 메 일 bookcart5@naver.com
포 스 트 https://post.naver.com/bookcart5
블 로 그 https://blog.naver.com/bookcart5
인 스 타 @bookcart5

ISBN 979-11-967439-4-9 (13320)